Wer ist eigentlich Gott?

Titel der französischen Originalausgabe: »Et qui donc est Dieu?«
© Bayard Editions Jeunesse

Bibliografische Information Der Deutschen Bibliothek
Die Deutsche Bibliothek verzeichnet diese Publikation in der Deutschen Nationalbibliografie;
detaillierte bibliografische Daten sind im Internet über http://dnb.ddb.de abrufbar.

Für die deutsche Lizenzausgabe:
© 2005 Pattloch Verlag GmbH & Co. KG, München
Ins Deutsche übertragen von: Christoph Arndt, CAT Translations Wildberg
Umschlaggestaltung: Atelier Lehmacher, Friedberg (Bay.)
Satz und Layout: Setzerei Max Vornehm GmbH, München
Druck und Bindung: Uhl, Radolfzell
Redaktion: Annemarie Langhammer
Alle Rechte vorbehalten
Printed in Germany

ISBN 3-629-01350-3
Bitte besuchen Sie uns im Internet: www.pattloch.de

Wer ist eigentlich Gott?

und 150 andere Kinderfragen

Pattloch

Dieses Buch entstand
unter der Leitung von
Stanislas Lalanne

mit
Mijo Beccaria
und **Jean-Noël Bezançon**

in Zusammenarbeit
mit einem Team von Redakteuren,
darunter
Anne-Marie Aitken
Anne-Laure Fournier le Ray
Martine Laffon
Pascal Ruffenach
Monique Scherrer
Marie-Christine Vidal

Illustratoren
Claude Cachin
Marc Daniau
Sylvie Montmoulineix
Nathalie Novi
Marcelino Truong

Ein Buch, für dich geschrieben

Das ist aber mal ein komisches Buch mit all den vielen Fragezeichen! Aber eigentlich nicht verwunderlich, wenn man bedenkt, dass Kinder ja so gern Fragen stellen. Sie fangen damit an, sobald sie sprechen können. Und hören danach nie mehr auf.

Dieses Buch enthält echte Fragen von richtigen Kindern. Sie sind acht oder zehn, zwölf oder erst sieben Jahre alt. Sie leben in verschiedenen Städten und heißen Marie, Thomas, Lea, Simon, Dominik, Alice oder Julia. Meistens besuchen sie den Kindergottesdienst, aber nicht immer. Diese Fragen haben sie ihrem Tagebuch anvertraut. Denn ihr Tagebuch steht ihnen ganz nah, so wie ein Freund, der eben aus Papier ist, aber zugleich klug und weise – wie eine große, vertraute Person. Diese vielen hundert Kinderfragen wurden sortiert und in zwölf Kapitel eingeteilt. Die Fragen zielen in alle Richtungen, so wie Feuerwerksraketen. Darunter sind richtig kluge und manchmal auch etwas vorlaute Fragen. Alltägliche Fragen und wirklich unglaubliche Fragen, auf die noch keiner zuvor gekommen ist. Fragen, so schlicht und klar wie Quellwasser. Und Fragen, die so knifflig oder offen sind, dass diejenigen, die sie hören, gerührt oder verstört sind.

Wer sie beantwortet hat? Eine Gruppe von Männern und Frauen, Journalisten oder Priester, die alle darin geübt sind, mit Kindern über die Dinge des Lebens und des Glaubens zu reden. Sie haben die Fragen ausführlich beantwortet, mit viel Geduld, eine nach der anderen. Und sich dabei Mühe gegeben, zu verstehen, was die Kinder wirklich wissen wollen. Mit einfachen, offenen Worten, ohne aber je auszuweichen. Indem sie verraten, woran sie wirklich glauben, was sie wissen, was sie auf ihrem Lebensweg herausgefunden haben und was ihnen heute Lebenskraft gibt.

Natürlich ergibt das am Ende ein sehr dickes Buch! Man kann es nicht am Stück lesen, sondern wird es überfliegen, beiseite legen und dann wieder zur Hand nehmen. Man hält inne, sobald genau die Frage auftaucht, die man sich stellt. Oder eine andere interessante Frage, an die man noch gar nicht gedacht hat.

Seite für Seite, Tag um Tag kannst du weiterlesen und auch mal zurückblättern. Du kannst richtige kleine Schätze entdecken, Fragen und Antworten, die für dich eine große Erkenntnis sind, oder kluge und zugleich spannende Erklärungen. Am besten behältst du das Buch in Reichweite. Für die Tage, an denen dir gerade eine neue Frage durch den Kopf geht. Für die Abende, an denen du in der Stimmung bist, dich größer zu fühlen, und Lust hast, im Leben vorwärts zu kommen.

Wir hören nie auf, uns Fragen zu stellen. Und genau das macht uns ja zu lebendigen Menschen und unterscheidet uns von einem hübschen Rosenstrauch oder einem kleinen Kätzchen. Die Welt ist heute so faszinierend, weil sich die Menschen schon immer – von der Steinzeit bis zur Mondlandung – Fragen gestellt und Antworten gesucht, erfunden und gefunden haben. Wir dürfen also stolz sein, dass wir zu den fragenden Menschen gehören!

Doch niemand kennt wirklich alle Antworten auf die Fragen, die er sich stellt. Es gibt so viele unsichtbare, unfassbare und geheimnisvolle Dinge … Für jeden Erwachsenen und jedes Kind bleiben daher immer ein paar Fragen, die manchmal beunruhigend, manchmal aber auch angenehm und geheim sind.

All das hindert uns nicht daran, zu leben und zu wachsen. Ganz im Gegenteil! Denn man kann gut leben, ohne alle Antworten zu kennen, aber man kann unmöglich wachsen, ohne Fragen zu stellen.

Inhalt

5. Er war tot, jetzt lebt er!

6. Und wer ist eigentlich Gott?

7. Glauben, welch ein Abenteuer!

*E*s geschah sehr lange vor dir.

Vor den Großeltern deiner Eltern.

Vor der Zeit der Menschen und der Sterne.

Sogar noch davor!

Nichts hatte begonnen.

Doch der *Geist* Gottes war bereits da.

Er schwebte über der gewaltigen Stille wie ein schöner Vogel über dem Wasser.

*D*u fragst dich, woher ich das weiß?

Ich habe es nicht erfunden.

Nicht die Wissenschaftler haben mir das gesagt.

Die haben zwar den Verstand, um herauszufinden, wie das Leben funktioniert, aber keiner kann dieses große Geheimnis lüften:

Warum leben wir?

Warum sterben wir?

Warum bin ich ich?

Die Geschichte vom *Geist* Gottes habe ich auf der ersten Seite des schönsten Buchs der Welt gefunden, der Bibel. Sie offenbart uns, dass Gott am Anfang Himmel und Erde geschaffen hat
und sie bis heute erhält
und auch morgen.

Das Buch sagt, dass der *Geist* Gottes der Anfang von allem neuen Leben ist. Er ist wie der Atem des Universums.

Die Bibel spricht in der Sprache der Vorfahren zu uns, wenn sie die Gegenwart Gottes mit einem fliegenden Vogel vergleicht. Denn die Bibel ist viel, viel älter als wir! Wo Worte nicht ausreichen, greift sie auf Bilder zurück.

So kann sie das Wesentliche sehr gut verständlich machen, sogar für die Menschen von heute!

Was sagt die Bibel noch?

Sie sagt, dass wir Menschen nur ein kleines Häuflein Erde und Staub sind. Aber Gott haucht uns seinen *Geist* ein und so werden wir lebendig. Er und wir, wir können uns jetzt verstehen. Wir sind für ihn sogar so kostbar, dass er sein Leben an unseres binden möchte. Vor mehr als dreitausend Jahren hat er diesen gewaltigen Plan einem kleinen Volk offenbart, das er unter allen Völkern auserwählt hat: dem Volk Israels. Er versprach, den Menschen zur Seite zu stehen und sie seinen *Geist* immer spüren zu lassen. Ein Bund auf Leben und Tod. Was für ein ungewöhnlicher Gott! Er braucht die Menschen nicht, und doch möchte er etwas von uns ...

Gott ist unglücklich, wenn wir ihm mit Nein antworten.

Das kommt vor, bei dir und mir und jedem Menschen.

Selbst Israel hat sich ihm oft verweigert.

Aber Gott ist sehr geduldig.

Engelsgeduld ist nichts dagegen! Er hat sein Versprechen nie zurückgenommen.

*I*m Gegenteil, er hat es erneuert!

Und das kam so:

Es geschah vor etwa zweitausend Jahren in Israel. Da lebte ein Mann namens Jesus von Nazaret. Er gab den Blinden ihr Augenlicht wieder und den Gefangenen die Freiheit. Für ihn war jeder Mensch gleich wichtig, die reichen, angesehenen Leute genauso wie die Ärmsten. Die Menschen lauschten und folgten ihm in so großen Scharen, dass die Mächtigen eifersüchtig wurden. Wer war dieser Mann? Als sich Jesus mit ungefähr dreißig Jahren im Wasser eines Flusses taufen ließ, sprach die Stimme Gottes zu ihm. Sie nannte ihn »Mein geliebter Sohn«. Und in diesem Augenblick schwebte eine Taube über ihm. Ein schöner Vogel, so wie vor der Geburt der Welt. Als hätte die Welt gerade einen Neuanfang erlebt . . .

Ein sonderbarer Anfang.

Einige Monate danach wurde Jesus gekreuzigt und starb. Das gleicht doch eher einem Ende! Dann aber geschah etwas Ungeheuerliches. Die Freunde von Jesus hatten ihre Tränen noch nicht getrocknet, da

machten sie eine verblüffende Entdeckung: »Jesus lebt!« Ja, er war von den Toten auferstanden!

Sieg!

Zum ersten Mal war der Tod dem *Atem* des Lebens gewichen. Es stimmte also doch, ein neues Zeitalter hatte begonnen ...

Da haben sich Jesu Freunde erinnert. Natürlich, Jesus hatte doch zu ihnen gesagt: »Ich komme von Gott.« Und er nannte Gott oft »Meinen Vater«. Allmählich erkannten sie, dass sein Gesicht das Gesicht des geheimnisvollen Gottes war. Durch Jesus erneuerte Gott seinen Bund mit den Menschen ohne Groll! Sie glaubten an Jesus.

Und Jesus hat sie losgeschickt, damit sie diese Botschaft aller Welt verkünden. Als symbolische Geste hauchte er sie an, um seine Kraft auf sie zu übertragen. Danach ist er zu seinem Vater heimgekehrt. Sie aber zogen voller Tatendrang los und ihr erstaunliches Abenteuer dauert bis heute an. Vielleicht ist es auch deins. Es ist das Abenteuer der Kirche, der Christen. Für sie ist der Vater von Jesus unser aller Vater. Das verbindet alle im Sinne einer großen Familie.

Trotzdem ist es gar nicht immer so leicht, wie Brüder zu leben!

Sorgen, Neid und Kriege bringen uns ins Wanken. Und dann ist da noch die Angst vor dem Tod. Sie klebt wie Blei an unseren Sohlen. Doch inmitten von alledem bleibt eine kleine Hoffnung bestehen: Wie könnte Gott uns vernichten, er, der uns im Bauch unserer Mutter entstehen ließ? Nein, mit dem Tod kann nicht alles einfach so enden.

Es liegt an uns, Gott zu vertrauen. Natürlich würde uns das leichter fallen, wenn wir ihn direkt hören könnten! Oder wenn es Beweise dafür gäbe, dass er uns hören kann!

Antworte uns, Gott! Wir brauchen dich!

Doch da ist Schweigen … Kein Wunder geschieht … Und wenn er sich anders um uns kümmert? Er hat uns gewarnt, er macht kein großes Aufsehen. Er ist einfach da, das ist alles. Wie unsere Atmung. Sie ist auch ständig da, aber man vergisst sie, obwohl man ohne sie nicht leben kann. Wenn Gott also so gegenwärtig ist, dann kann es doch sein, dass er uns hört, ja dass er uns vielleicht sogar aufmerksam zuhört! Es fällt uns schwer, uns darüber einfach so bewusst zu werden. Wir brauchen dazu den Glauben der anderen.

Die Kirche Jesu Christi ist unsere Grundlage.

Sie ist es, die dich Gott entdecken lässt.

Sie zeigt dir auch, wie du seine Spur jeden Tag verfolgen kannst, sofern du ein bisschen neugierig bist. In manchen Augenblicken verlierst du diese Spur. Dann aber findest du sie wieder: in einem aufmunternden Wort, einer großzügigen Geste oder einem bedeutenden Ereignis. Wenn Gott wirklich da ist, sind wir gerettet. Da liebt uns jemand, ob wir nun reich oder arm sind, gesund oder krank, einsam oder in Gesellschaft. Jemand öffnet uns die Zukunft und schenkt uns Brüder. Das Leben ist lebenswert. Was uns nicht daran hindert, uns jede Menge Fragen zu stellen, 150 oder 1000 oder 10 000 …

Aber ein *großer Geist* trägt uns voran.

Er macht uns leichter.

Er gibt uns Flügel!

Kapitel 1

Wie
alles begann

Wo waren wir, bevor wir lebten?

Vor diesem Leben waren wir nirgendwo, denn es gab uns noch nicht.

Wir sind so daran gewöhnt, lebendig zu sein, dass wir uns die Zeit kaum vorstellen können, als es uns noch nicht gab. Es fällt uns schwer, uns in die Zeit hineinzuversetzen, als unsere Großeltern noch Kinder waren ... Wie hätten sie gelacht, wenn man ihnen von uns erzählt hätte!

Den Gedanken, dass uns niemand kannte oder etwas von unserem künftigen Dasein wusste, finden wir geradezu unglaublich.

Vor unserem Leben waren wir überhaupt nichts. Andere haben jedoch unsere Ankunft vorbereitet. Zunächst unsere Eltern ... Sie haben sich gefunden, was für ein unerhörtes Glück! So haben wir unseren Platz im Leben bekommen. Dank unserer Eltern, Großeltern, Urgroßeltern und all denen, die vor ihnen da waren, sind wir heute Mitglieder der großen Menschheitsfamilie.

Vor unserem Leben gab es uns noch nicht und trotzdem hatte jemand anderes, nämlich Gott, uns bereits auserwählt und freute sich im Voraus auf unser Dasein. Denn nicht nur unsere Eltern haben uns das Leben geschenkt. Es entspringt anderswo und sein Geheimnis ist groß.

Irgendwann muss doch auch Gott angefangen haben zu leben?

Genesis, das erste Buch der Bibel, beginnt mit den Worten: »Am Anfang schuf Gott Himmel und Erde.« Diese Aussage ist faszinierend und man fragt sich: Was hat Gott gemacht, bevor er die Welt geschaffen hat? Gab es ihn schon? Und in welcher Form?

Gottes Leben ist nicht mit dem der Menschen vergleichbar. Es kennt weder Anfang noch Ende, sondern ist ewig. Deshalb ist es so schwer vorstellbar.

Wenn die Bibel von der Ewigkeit Gottes spricht, meint sie, dass Gott immer da war und immer da sein wird. Oft gebraucht die Bibel auch die Formulierung »vom Anbeginn der Zeit bis in Ewigkeit«, damit wir verstehen, dass Gott nicht in derselben Zeit wie die Menschen lebt.

Gott ist zugleich *jenseits von* jedem Anfang und *in* jedem Anfang. Nichts, weder die Erde noch der Himmel oder die Menschen, kann ohne Gott zu existieren beginnen. Er ist der Schöpfergott und keiner hat ihn geschaffen.

Gab es den Urknall oder wurde die Welt in sieben Tagen erschaffen?

Heute glauben die meisten Astronomen, dass das Weltall vor 15 Milliarden Jahren mit einer gigantischen Explosion entstanden ist: dem Urknall.

1965 entdecken die Wissenschaftler Arno Penzias und Robert Wilson die kosmische Hintergrundstrahlung, eine Art Rauschen, von dem das ganze Weltall erfüllt ist, und sie beweisen, dass es sich hierbei um das ganz schwache Echo dieses berühmten Urknalls handelt.

Aber wie soll man da an das Wort der Bibel glauben, wenn dort von einer Schöpfung in sieben Tagen die Rede ist?

Zunächst einmal: Wollen die wissenschaftlichen Schlussfolgerungen und die Erzählungen der Bibel wirklich das Gleiche erklären? Laut den Schöpfungsberichten im Buch Genesis, die in zwei unterschiedlichen Epochen (im 6. und 10. Jahrhundert v. Chr.) geschrieben wurden, hat Gott durch sein Wort alles geschaffen: Licht und Finsternis, Himmel und Erde, die Sterne, das Wasser, die Fische, die Vögel und die Säugetiere bis hin zum Menschen.

Es handelt sich daher um keine wissenschaftliche Studie zur Entstehung des Universums, sondern vielmehr um eine große Dichtung zum Lobe des gütigen und einzigen Gottes, Schöpfer des Universums und allen Lebens. Die Ziffer 7 der sieben Tage ist ein Sinnbild für die Vollkommenheit von Gottes Gesamtwerk.

Die biblischen Geschichten erzählen, *warum* die Erde existiert, die wissenschaftlichen Forschungen erklären dagegen, *wie* unser Blauer Planet entstanden ist. Es sind also zwei unterschiedliche Sichtweisen; sie stehen nicht im Widerspruch, sondern ergänzen einander. Die eine lehrt uns »etwas« über Gott und seine Beziehung zu den Menschen, die andere »etwas« über die Welt und die Menschen auf der Welt.

Viele Wissenschaftler erforschen, wie das Weltall funktioniert. Manche glauben, dass die Erde nicht von ganz allein entstanden ist und dass weder das Leben noch die Menschen zufällig da sind. Sie glauben an Gott als den Schöpfer eines Universums, dessen Geschichte vermutlich mit dem Urknall begann.

Woher weiß man, dass Gott existiert?

Alles, was man heute weiß und was man in der Schule oder im Leben lernt, hat eines Tages irgendjemand herausgefunden. Die Geschichtsforscher erklären uns, wann und wie der Mensch das Feuer und dann das Metall, die Kontinente und die Planeten entdeckt hat ... Aber wie ist das mit Gott? Gab es da mal einen bestimmten Menschen, der festgestellt hat, dass Gott existiert, so, wie Christoph Kolumbus Amerika entdeckt hat?

Nein. Gott wurde nicht vor langer Zeit ein für alle Mal entdeckt. Aber seit der Mensch denken kann, stellt er sich Fragen über das Leben: Warum bin ich da? Und was geschieht mit mir nach dem Tod?

Es muss doch ein höheres Wesen geben, das für die Augen der Menschen unsichtbar ist und das Leben schafft. Dieses Wesen hat der Mensch »Gott« genannt.

Wir Christen wissen, dass Gott sich den Menschen offenbaren wollte und selbst auf sie zugegangen ist. Bestimmten Personen wie Abraham, Moses oder den Propheten hat er sich deutlich gezeigt. Und vor allem Jesus. Er offenbart sich auch jedem Menschen, der ihn sucht. Wissen, dass Gott existiert, ist eine Entdeckung, die jeder machen kann. Jeder Mensch kann ein Gottesforscher sein.

Warum werden wir als Menschen geboren und nicht als Tiere?

Im Universum gibt es ein Gesetz, das so einfach ist, dass es nirgendwo geschrieben steht: Alles ist ganz natürlich, man wird als Kind geboren, wenn man aus der Verbindung eines Mannes mit einer Frau entsteht. Wären deine Eltern ein Elefantenbulle und eine Elefantenkuh, dann wärst du ein Elefantenkind. Aber du bist ein Mensch und alles, was du bist, ist menschlicher Natur ... auch dein Bedürfnis, zu erfahren, warum du ein Mensch bist. Wenn du als Fisch, Schmetterling oder als Löwe zur Welt gekommen wärst, würdest du nicht wie ein Kind denken und leben. Das wärst nicht du. Mit deiner menschlichen Intelligenz kannst du den Gesang der Vögel verstehen und dich mit Hunden anfreunden, aber du wirst trotzdem immer ein Mensch bleiben.

Und es genügt ja auch nicht, »in der Haut« eines Tiers zu stecken. Wer würdest du denn mit Kamelhaaren oder Fischschuppen sein? Du wärst ein Kamel oder ein Fisch. Dein Körper ist nicht bloß eine Hülle. Mit einem anderen Leben in einem anderen Körper wärst du nicht du. Dein Körper, das bist du selbst!

Deine Frage berührt die geheimnisvolle Seite jeder Geburt. Das Leben entsteht, ohne dass man weiß, warum. Es ist ein Geschenk Gottes. Man fordert es nicht ein, es ist nicht austauschbar und wiederholt sich nicht. Du bist ein einzigartiger Mensch und du wurdest geboren, um ein einmaliges Leben zu leben, dein Leben, in deinem eigenen Körper, das Leben eines jungen Menschen.

Wer war zuerst auf der Erde: Adam und Eva oder der Affe?

Die Wissenschaftler lehnen eine Beantwortung dieser Frage ab. Weder Adam und Eva noch der Affe noch sonst jemand, der es gewagt haben sollte, auf eine vier Millionen Jahre alte, versteinerte Visitenkarte zu schreiben: »Ich bin der erste Mensch!«

Tatsächlich wird Afrika, das als die Wiege der Menschheit gilt, zu jener Zeit von mehreren Menschenrassen bevölkert. Einige dieser Urmenschen können Klima und Krankheiten besser trotzen oder sind schlauer und geschickter als andere. Aus dieser Gruppe sind unsere Vorfahren hervorgegangen.

Zwar erinnern sie noch sehr an ihre Verwandten, die großen Schimpansen; trotzdem sind sie keine höher entwickelten Affen. Die ersten Menschen unterscheiden sich nämlich durch ein Merkmal deutlich von den Affen: Sie sind sich bewusst, dass sie ein Bewusstsein haben! Ja, sie denken, sie überlegen und stellen sich

Fragen ... Das ist auch der Grund, warum die Menschen seit Millionen von Jahren eine Antwort auf die Frage suchen: Wo kommen wir eigentlich her?

Vor dreitausend Jahren erzählt ein alter, weiser Mann aus dem Volk Israel im ersten Buch der Bibel, dass die Welt und die Menschen von Gott erschaffen wurden. Im Hebräischen bedeutet Adam »der Mensch«. Natürlich hat dieser weise Mann gar nicht die Absicht, ein wissenschaftliches Buch über die Ursprünge der Menschheit zu schreiben, auch wenn er die Reihenfolge, in welcher die Arten erscheinen, richtig angibt. Er möchte in seinem Bericht nur zeigen, wie sehr die Menschen mit Gott verbunden sind.

»Da nahm Gott Erde, formte daraus den Menschen und blies ihm den Lebenshauch in die Nase. So wurde der Mensch lebendig ...«

Gibt es Außerirdische?

»Ich bin eine Straße entlanggelaufen. Da näherten sich lauter kleine, graue Wesen. Sie hatten sehr große Köpfe und viele Finger. Danach kann ich mich an nichts mehr erinnern . . .«, berichtet ein Mädchen dem Polizeikommissar.

Und warum nicht gleich lila Haare oder staubsaugerförmige Ohren? Über solche Geschichten von Marsmännchen oder Ufos sollte man wohl eher lachen! Niemand konnte je beweisen, dass fern der Erde andere Wesen leben . . . Nicht einmal die Wissenschaftler, die mit ihren Radioteleskopen den Weltraum abhören. Allerdings gibt es im Weltall Milliarden von Planeten. Es könnte doch sein, dass der eine oder andere von ihnen der Erde ähnelt, so dass dort Lebewesen existieren können. Ob sie wohl denken und Kontakt zu uns aufnehmen könnten? Oder wären das mikroskopisch kleine Zellen?

Jedenfalls würden sie bestimmt nicht den Außerirdischen aus der Science-Fiction ähneln! Sollte es aber noch andere Lebewesen geben, dann ist unser Gott auch ihr Gott, denn er ist der Gott des unermesslichen Weltalls.

Und falls wir, gleich einem winzigen Staubkorn im Kosmos, die einzigen Lebewesen sind, so interessiert sich Gott trotzdem für uns. Das ist wahrhaft erstaunlich!

Kapitel 2

Geheimnisvolles Leben!

Warum lebe ich, warum bin ich ich?

Hast du schon mal gesehen, wie eine Skulptur entsteht? Ein Bildhauer sucht sich einen Steinblock aus und beginnt ihn mit seinen Werkzeugen zu bearbeiten, um daraus ein Kunstwerk zu schaffen. Die Herstellung einer Skulptur dauert ziemlich lang. Es ist keine einfache Sache. Ein Schlag hier, ein Schlag dort; manchmal ist der Stein zu hart, ein Werkzeug rutscht ab oder der Stein splittert und dann muss der Künstler noch mal von vorn anfangen.

Aber mit viel Geduld und Fingerspitzengefühl entsteht dann allmählich, trotz mancher Misserfolge, unter den geglückten Hammerschlägen eine ganz neue Form aus dem Steinblock.

Dein Leben hat Ähnlichkeit mit einer Skulptur, nur ist es noch viel komplizierter. Deine Geburt war die Folge einer unglaublichen Menge von Ereignissen, durch die es möglich geworden ist, dass ein Mann und eine Frau sich begegneten. Sie haben sich verliebt. Sie haben geheiratet. Und sie wollten ein Kind. Eine einzigartige Zelle des Vaters und eine einzigartige Zelle der Mutter haben sich vereinigt und unter Millionen möglicher Babys ein ganz besonderes Baby hervorgebracht: Das warst du.

Und das ist noch nicht alles: Du, dieses Kind, hast hunderte von Fläschchen genuckelt und dutzende von Windeln gebraucht, hast stundenlang gebrabbelt, um sprechen zu lernen, hast ganz viele Geschichten gehört, hast deine Kraft, deine Intelligenz, deinen Charakter entwickelt. Du hast schon tausend Begegnungen gehabt und trotzdem ist dies erst der Anfang ... wirklich außergewöhnlich!

Auch wenn dein Leben teilweise durch die Ereignisse geprägt ist, die du erlebst, kannst du frei entscheiden, was du werden willst. Gott hilft dir heimlich wie ein Künstler, dein Leben zu gestalten, damit du ein ganz eigener Mensch werden kannst.

Es gibt viele Gründe, zu leben, doch der wichtigste ist vielleicht einfach die Entdeckung, dass es sich lohnt, sein Leben zu gestalten, und dass Gott, der dich geschaffen hat, dich liebt und dich bei der Gestaltung deines eigenen Lebens begleitet.

Warum müssen wir eines Tages sterben?

Heute Morgen ist meine Omi gestorben. Oh, ich wusste schon, dass dies passieren würde, denn sie war sehr krank. Sie hat ein schönes Leben gehabt, meine Omi: Sie hatte einen Mann, der sie verehrte, drei Kinder und schließlich Enkelkinder. Eines davon bin ich. Vor allem war sie immer so fröhlich!

Einmal hat sie zu mir gesagt, dass sie immer ungeduldiger darauf wird, Gott persönlich zu sehen. An diesem Tag ist mir klar geworden, dass sie eines Tages sterben wird; und dann habe ich es aber wieder vergessen.

Und jetzt ist es passiert. Ich fühle einen ungeheuren Schmerz. Einen Schmerz, der mit wuchtigen Schlägen auf mein Herz einhaut, der meine Kehle würgt. Warum gibt es den Tod? Warum muss alles, was lebt, eines Tages sterben?

Man könnte sagen, es ist das Gesetz der Natur, dieser ewige Kreislauf – geboren werden, leben, wachsen und eines Tages sterben. Das ist so, als würde das Leben den Tod rufen, als würde jeder Anfang einem Ende entgegenstreben.

Aber ich glaube an Gott. Diese Antwort genügt mir nicht. Ich muss wissen, warum er so etwas zulässt. Ist er nicht der Herr über das Leben? Stellt er uns vielleicht auf die Probe? Ich weiß es nicht.

Und ich denke, dass ich Gott mein Leben lang fragen werde. Gleichzeitig glaube ich aber auch an die Botschaft von Jesus, der sagt: Ja, es gibt den Tod. Nein, mit ihm ist nicht alles vorbei. Manche werden sagen, dass das zu verrückt ist. Aber ich glaube daran.

Warum bin ich
in dieser Familie geboren?

Du bist in deiner Familie zur Welt gekommen, weil deine Eltern es so gewollt haben. Gemeinsam können ein Mann und eine Frau einem neuen Menschen das Leben schenken. Aber sie können sich ihr Baby nicht aussuchen, denn beide Eltern haben nicht die vollständige Kontrolle über das Leben, das sie weitergeben. Ein Geheimnis bleibt immer dabei.

Du bist in deiner Familie zur Welt gekommen, weil du dich an das Leben geklammert hast. Am Anfang war dein winziges Leben noch zerbrechlich, aber du hast dich gut festgehalten! Du hast dein Leben angenommen, ohne zu wissen, dass du von diesem Vater gezeugt und von dieser Mutter

in diese Familie hineingeboren worden bist. Du hast dir diese Familie nicht bewusst ausgesucht. Aber sie ist deine.

Sie hat dir vorbehaltlos gegeben, was du bist. Zu Beginn hast du alles bekommen, ohne selbst irgendetwas geben zu können.

Wenn du größer bist, wirst du über all das nachdenken, was du bekommen hast. Du wirst entscheiden, was du behalten und weitergeben möchtest. Und was dich enttäuscht oder verletzt hat, wirst du ändern.

Und eines Tages wirst auch du Lust haben, eine Familie zu gründen und deine eigenen Kinder im Abenteuer des Lebens zu begleiten.

Gibt es Gott?

Ich habe die Erde gefragt, die Bäume und die Schilfhalme, ich habe das Meer gefragt, die Seen und Bäche, ich habe den Himmel gefragt, den Mond und die Sterne, den Schatten und das Licht, die Winde und die Wüsten, ich habe die Vögel gefragt und alle Tiere: Wer seid ihr? Seid ihr Gott? Und sie riefen mir zu: Nein, wir sind nicht Gott, sondern er ist es, der uns geschaffen hat. Ihre Schönheit, die mich so fasziniert hat, diente ihnen als Antwort.

Dann fragten sie mich: Und du, wer bist du? Der, den du suchst, ist der Gott, der uns schön erschaffen hat, weil er schön ist; und gut, weil er gut ist. Es gibt ihn, weil es uns gibt. Auch für dich ist Gott das Leben in deinem Leben. So beantwortet im 5. Jahrhundert nach Christus der Heilige Augustinus diese Frage, ein Mann, der Gott lange Zeit gesucht hat. Für ihn gibt es gar keinen Zweifel: Allein schon die Existenz des Weltalls und seine Schönheit genügen als Zeichen für die Existenz Gottes.

Warum muss ich ständig mit den anderen raufen?

Es ist dunkel. Und bestimmt schon nach zehn Uhr. Ich denke über den Tag nach. Kein Wunder, bei meinem blauen Auge. Ich habe Theo ausgelacht, er hat mir eins draufgegeben. Normal.

Ich kann mich nicht beherrschen, muss mich einfach prügeln. Manchmal tu ich das, um jemanden zu verteidigen oder wegen einer Ungerechtigkeit. Irgendwas stört mich und – zack! geht es los. Ich greife an, haue zu und teile aus. Es kommt auch vor, dass ich mich wegen gar nichts schlage, nur so zum Spaß. Und dann artet es aus. Ich weiß nicht mal, warum. Das nervt mich! Immerhin gibt es Leute, die sich prügeln, um anderen zu helfen oder damit die Welt um sie herum besser wird ... die bewundere ich. Wenn ich mich die

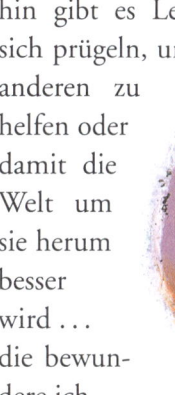

ganze Zeit kloppe, dann deshalb, weil ich so viel Energie habe. Deshalb renne ich auch, ich schreie und düse auf dem Fahrrad herum. Ich habe mit meinem Vater darüber gesprochen. Als er noch ein Kind war, da war er wie ich und hat auch ständig Streit gesucht. Und wie mir tat es ihm hinterher Leid. Er hat mir gesagt, je älter er wurde, desto besser konnte er seine Kraft und seine Energie gezielt einsetzen. Er fing an mit Bergsteigen, spielte dann Theater und wurde Schachmeister. Nicht übel für einen Raufbold, was?

Man hat mir immer gesagt, dass ich ihm ähnlich bin, als er noch klein war. Hoffentlich werde ich schnell groß. Ach, morgen könnte ich eigentlich die Kletterwand in unserer Schule hochkraxeln, mit Theo ...

Warum kann man sich den Zeitpunkt von Geburt und Tod nicht aussuchen?

Aminata ist acht Jahre alt. Sie ist ein Flüchtlingskind und kommt aus Zaire.

»Zusammen mit allen anderen, die vor dem Krieg auf der Flucht waren, sind wir stundenlang barfuß über den glühend heißen Sand marschiert. Das Dorf war zerstört. Ich hatte nur einen einzigen Gedanken: Warum kann man sich nicht aussuchen, ob man geboren wird? Dann wäre ich nicht auf die Welt gekommen, nein, bestimmt nicht … Oder woanders, fern vom Krieg und in einer anderen Zeit, wo man friedlich am Ufer des Flusses lebt …

Großvater hat immer zu mir gesagt:

›Niemand entscheidet selbst über seine Geburt. Das Leben wird von Gott geschenkt, deine Eltern geben es an dich weiter, und du musst dich später entscheiden, welchen Weg du gehen willst.‹

Wenn ich mir schon meine Geburt nicht ausgesucht habe, kann ich dann über meinen Tod entscheiden? Darüber habe ich mit Großvater gesprochen. Er hat mich ganz fest an sich gedrückt und mir erklärt:

›Zu leben, nicht über seinen Tod zu entscheiden, heißt, Gott zu vertrauen. Es bedeutet, glauben zu können, dass das Leben mit Gott lebenswert ist, trotz Leid und Verzweiflung.‹

Großvater weiß, dass er eines Tages sterben wird. Aber an welchem Tag? Gott wird das bestimmen. Also hält er sich bereit, vor seinen Herrn zu treten. Diese große Begegnung ist für ihn wie eine Liebesbegegnung mit Gott; deshalb bereitet er sich darauf vor. Er möchte das keinesfalls verpassen. Die dunklen Stunden wie die glücklichen Momente seines Lebens durchschreitet er im Vertrauen auf Gott.«

Was ist die Seele?

Die Seele? Ein geheimnisvolles Wort, leicht und flüchtig wie die Luft. Du spürst, dass du dieses Wort brauchst, auch wenn du nicht genau weißt, was es bedeutet.

Es ist deine Seele, die macht, dass du lebendig bist, ein wertvoller und einzigartiger Mensch bist. Deine Seele, das bist du selbst. Dank deiner Seele kannst du lachen, weinen, fühlen, dich verständigen, lieben, beten, denken, träumen, hoffen, Entscheidungen treffen, Pläne schmieden ... Ohne sie wärst du ein kalter Leichnam, ein Grashalm oder bestenfalls ein süßes oder bissiges Hündchen, wie es der Zufall will.

Die Seele ist unsichtbar. Man weiß nicht, wo sie ist, man kann sie weder wiegen noch greifen, und doch spielt sie eine wichtige Rolle im Leben. Ein bisschen wie Gott!

Denn er hat sie dir gegeben, als er deinen Eltern die Sorge übertrug, dich zur Welt zu bringen. Deine Seele ist der Hauch Gottes in deinem Leben. Und wie Gott ist sie für alle Zeiten lebendig.

Weshalb sind Männer und Frauen verschieden?

Erst hat man das die Wissenschaftler gefragt, die zurückgezogen in Labors mit ihren riesigen Mikroskopen arbeiten. Sie sagen, dass Pflanzen und Tiere männlich oder weiblich sein müssen, damit sie sich zur Erhaltung ihrer Art fortpflanzen können. Bei den Menschen ist das auch so: Man braucht Männer und Frauen, damit die menschliche Rasse nicht ausstirbt.

Man hat auch Männern und Frauen die Frage gestellt. Sie streiten sich, ob der Mann der Frau überlegen ist oder umgekehrt. Und dann hat man sich Gedanken darüber gemacht, was eigentlich Gottes Absicht war. Warum sind Männer anders als Frauen? Nun, aufgrund einer uralten Liebesgeschichte, die sich fortwährend erneuert.

Gott liebt das Leben, von den Gräsern und Tierchen bis zu den Galaxien. Er will nicht, dass Männer und Frauen gleich sind, das wäre zu langweilig! Gott produziert keine Roboter. Jeder Mann und jede Frau ist einmalig auf der Welt. Es ist auch kein Zufall, wenn Gott alle beide, Mann und Frau, nach seinem Ebenbild geschaffen hat, mit Liebe mitten im Herzen.

Das geheimnisvolle Band der Liebe, das die Menschen mit Gott verbindet, verbindet auch Mann und Frau. Damit sie einander lieben und Kindern das Leben schenken, dieses Leben, das von Gott kommt.

So beginnt das große Abenteuer, wie es Gott gewollt hat. Mit der Verschiedenartigkeit von Mann und Frau, damit sie gemeinsam ihr Bestes vereinen: die Kraft, zu lieben.

Warum gibt es behinderte Kinder?

»Papa, hast du gewusst, dass Julie einen behinderten Bruder hat?«

»Ja.«

»Ich hab ihn bei Julies Geburtstag gesehen. Sein Körper ist verkrümmt. Er kann nicht gut sprechen. Er muss im Rollstuhl sitzen. Er ist vierzehn.«

»Er leidet an einer Krankheit des Nervensystems.«

»Zuerst hatte ich Angst vor ihm. Aber Julie redet ganz normal mit ihm, das hat mich beruhigt. Am Ende hab ich sogar seinen Rollstuhl geschoben . . .«

»Wie heißt er denn?«

»Wilhelm. Aber warum wurde er so geboren, warum? Hat Gott sich geirrt? Warum hat es ausgerechnet ihn getroffen?«

»Darauf habe ich leider keine Antwort, mein Schätzchen . . .«

»Das ist so was von ungerecht. Vielleicht ist es Gott ja piepegal!«

»Niemand kann ein solches Unglück erklären, weder die Christen noch die anderen. In einem Punkt sind sie sich jedoch sicher: Gott ist es nicht piepegal.«

»Wieso nicht?«

»Pass mal auf. Weißt du, in welchem Buch am häufigsten von hinkenden, tauben, lahmen, blinden, verkrüppelten und behinderten Menschen jeden Alters die Rede ist? Im Evangelium! Zu diesen Menschen geht Jesus als Erstes. Es schmerzt ihn, ihr Leid zu sehen. Wo immer er vorbeikommt, heilt er sie, um uns zu zeigen, dass Gott, sein Vater, alle Menschen liebt, vor allem die Armen und Kranken. Dann hat Jesus uns in die Pflicht genommen. Es liegt jetzt an uns, die Behinderten zu achten und ihnen zu helfen, statt sie abzulehnen oder sich ihrer zu schämen.«

»Oder Angst vor ihnen zu haben!«

»Genau. Schau mal, wie sich Wilhelms Eltern um ihren Sohn kümmern.«

»Julie liebt ihren Bruder auch.«

»Da sind seine Ärzte, seine Erzieher, alle, die sich intensiv für die Forschung einsetzen oder neue spezielle Einrichtungen eröffnen. Gott hat uns Energie und Intelligenz gegeben, damit wir diese Menschen pflegen und heilen. Mehr können wir nicht tun, aber das ist schon eine ganze Menge. So wird Gottes Handeln deutlich.«

Wird es immer Leid unter den Menschen geben?

Lieber Marc,

ich hätte dir ja gerne geantwortet: Eines Tages wird niemand mehr leiden. Aber das ist unmöglich! Der Schmerz einer Krankheit oder eines alternden Körpers, das Leid der Ungeliebten, der Ausgeschlossenen, der Verfolgten, wer kann das verhindern?

Wird es also immer Leid unter den Menschen geben, ohne dass man etwas daran ändern kann? Nein, das Leben würde keinen Sinn machen. Leid ist kein Schicksal. Überall auf der Welt bemühen sich jeden Tag Männer, Frauen und Kinder, eine gerechtere, brüderlichere Welt zu schaffen und das Leid zu mindern. Und dadurch bringen sie die Welt Gott näher.

Marc, ich hoffe, dass du auch zu denen zu gehören wirst, die eine bessere Welt schaffen! Verliere nie deine Zuversicht und erinnere dich an die Worte von Jesus: »Kommt zu mir, ihr Mühseligen und Beladenen . . .«

Dein Patenonkel Erich

Warum gleicht kein Mensch dem anderen?

Manchmal wünsche ich mir, dass alle Menschen gleich sind. Wir wären alle superschlau. Wir würden alle dieselbe Sprache sprechen. Wir hätten alle den gleichen Geschmack, was Essen, Freizeit und Freundschaft betrifft. Dann gäbe es vielleicht keinen Streit mehr. Aber, hmm ... es wäre bestimmt auch langweilig! Menschen kennen zu lernen, würde sich nicht mehr lohnen. Es gäbe nichts mehr zu entdecken ... das wäre ja furchtbar!

Herr, du hast uns verschieden geschaffen. Oft verachten wir uns, sind eifersüchtig aufeinander. Wenn es uns gelingt, einander zu verstehen, wird das Leben so interessant! Du willst, dass wir lernen, Frieden zu schaffen.

Du, du liebst uns alle, die Schüchternen und die Draufgänger, die Ernsthaften und die Spaßvögel, die, die berechnend sind, und die, die gut zuhören können. Wir sind alle deine Kinder. Und wenn wir uns gemeinsam Mühe geben, können wir dein Gesicht widerspiegeln, großer Gott!

Kapitel 3
Der große Bund

Wer hat zuerst an Gott geglaubt?

Es geschah vor viertausend Jahren im Orient, im Land der zwei Ströme. Dort führte ein Wanderhirte seine Herden mit seinen Dienern von Weideplatz zu Weideplatz ... Eines Tages forderte Gott ihn auf, sein Land zu verlassen und an den Ort zu reisen, den er ihm zeigen werde. Gott versprach ihm, dass er noch glücklicher sein würde. Der Mann brach auf. Und als Gott ihm, der kinderlos alt geworden war, Nachkommen versprach, vertraute ihm der Mann abermals. Ein Sohn wurde ihm geboren, Isaak. Und seine Nachkommen wurden zu dem von Gott auserwählten Volk Israels.

Dieser Mann, dem Gott sich offenbart hat, heißt Abraham. Die Bibel stellt ihn uns als den ersten Menschen vor, der den einen Gott erkannt hat und mit dem Gott Freundschaft und einen Bund geschlossen hat. Heute betrachten die Juden, die Christen und die Moslems Abraham als ihren Vorfahren, den ersten Gläubigen.

Doch der Glaube an Gott entstand nicht auf einen Schlag. Schon lange vor Abraham ahnten die Menschen, dass da noch etwas Größeres als sie existierte. Sie verehrten viele verschiedene Götter. Nach Abraham hat es einige Zeit gedauert, bis aus Israel ein wahres Volk der Gläubigen geworden ist. Dann ist Jesus Christus gekommen, um uns das Herz Gottes zu zeigen.

Auch für uns ist der Glaube ein langer Weg. Er dauert ein ganzes Leben. Ein bisschen so, als wäre jeder Einzelne von uns der Erste, der an Gott glaubt!

Warum hat Gott die Welt geschaffen?

Du, Herr über das Leben, warum hast du die Welt geschaffen?

Warum das Meer, das, an das Land geschmiegt, bis zum Horizont reicht und sich plötzlich erhebt, um gegen den Himmel zu schlagen? Warum den Himmel, der für unsere Augen blau ist, gleich einer Bedeckung, die die Erde umhüllt und sie vor dem so fernen, so großen Weltraum schützt? Warum das Gras, das sich weich unter unseren Füßen anfühlt und zart im Maul der Tiere? Und die Erde, die die Samenkörner schluckt und daraus duftende Blumensträuße wachsen lässt?

Und warum mich, wie ich heute lebe, ein unbedeutendes Glied in der endlosen Kette derer, die vorausgegangen sind und die noch kommen werden?

Du, Herr über das Leben – all das hast du geschaffen. Tust du das, um es mir zu schenken und mich glücklich zu machen? Vielleicht schenkst du das Leben auch ohne Grund, einfach weil es schön ist und weil es gut ist wie du. Und wenn ich all das sehe, habe ich Lust, dir etwas zu sagen: danke.

Warum hat Gott das jüdische Volk auserwählt?

Es war einmal ein ganz kleines Volk, ein völlig unbedeutender Stamm. Die meisten waren Schäfer. Zum Schutz gegen Sonne und Staub lebten sie in Zelten. Sie besaßen nichts außer ihren Herden.

Und dann ist ihnen etwas Einmaliges passiert: Gott gab ihnen zu verstehen, dass er da ist, ganz nah bei ihnen, und dass er ihnen seine Liebe schenkt.

Warum hat Gott gerade dieses Volk auserwählt? Zu jener Zeit gab es mächtigere und größere Völker. Also?

Und wenn Gott nun dieses Volk auserwählt hat, einfach *weil* es unbedeutend und ganz klein war?

Das Volk Israels, die Hebräer, wie sie im Lauf ihrer Geschichte genannt wurden, die Juden, haben verstanden, dass Gott ihnen den Auftrag gegeben hat, zu den anderen Menschen zu gehen, um sein Wort zu verbreiten.

Später verkündete Jesus, der auch aus diesem Volk kam, diese gute Nachricht: Gott liebt alle Menschen – ungeachtet ihrer Herkunft, Hautfarbe oder Besitztümer. Denn sie sind alle Gottes Kinder.

Was versteht man unter der Frohen Botschaft?

Jimmy hat diese Frage seinem Vater gestellt. Und sein Vater hat darauf erwidert:
»Und du, was stellst du dir darunter vor?«
»Ähm ...«, antwortet Jimmy, »etwas, das mich sehr freut, wenn ich es erfahre. So sehr, dass ich es allen Leuten sagen möchte!«
»Was zum Beispiel?«
»Wenn mich ein Kumpel einlädt, wenn ein Fest vorbereitet wird, wenn mich jemand, der mich mag, besuchen kommt, wenn es einem Kranken besser geht ... Es gibt so viele frohe Botschaften!«
»Ja, aber *die* Frohe Botschaft?«
»Keine Ahnung ... Es müsste eine gute Nachricht sein, die alle anderen übertrifft ... In ihr müssten alle anderen zugleich enthalten sein! Sie würde nie enden. Aber das kann ja nicht sein ...«
»Doch, Jimmy, die Christen glauben, dass es diese Frohe Botschaft gibt. Sie begann an jenem Morgen in Jerusalem, als Jesu Freunde sein Grab leer fanden. Jesus lebt, er ist auferstanden. Doch noch kurz davor war er am Kreuz gestorben. Welch ein Ereignis! Welche Freude! Welche Hoffnung!

Die Menschen sind nicht länger Gefangene des Todes. Sie werden auferstehen. Gott hat Jesus, seinen Sohn, geschickt, um ihnen das ewige Leben zu schenken.

Du siehst, Jimmy, das ist wirklich die größte aller Froher Botschaften! Die Christen haben seitdem nicht aufgehört, sie in allen Sprachen zu verkünden. Und sie haben sie auf Griechisch niedergeschrieben. Rate mal, was *Frohe Botschaft* auf Griechisch heißt? *Evangelium ...*«

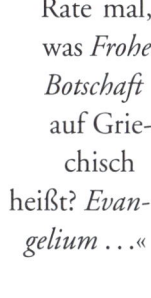

Die Bibel, das Buch der Bücher

Das zweifach heilige Buch

Die Bibel ist das bekannteste Buch der Welt. Warum? Sie erzählt uns von Gott, dem Allmächtigen und Barmherzigen. Sie führt uns von einer Entdeckung zur nächsten. Menschen wie wir haben sie geschrieben, weil sie diesen Gott erfahren haben. Und sie haben sich von ihm führen lassen, um davon zu berichten. Diese Menschen kamen aus Israel, dem Volk der Juden. Die Bibel ist zunächst die Heilige Schrift der Juden. Die Christen nennen sie »Das Alte Testament« oder »Der alte Bund«. Aber sie haben nach dem Wirken von Jesus Christus einen zweiten Teil geschrieben. Das ist das Neue Testament. Die beiden Testamente bilden zusammen die Bibel der Christen, ihre Heilige Schrift.

Für das ganze Leben

Die Bibel ist die Geschichte eines Bundes. Ein Bund mit zwei Verbündeten: Gott und uns, die Menschen. Man erfährt von Gott, der uns seine Freundschaft anbietet. Und man liest von uns, wie wir mehr oder weniger treu nach seinen Geboten leben ...

Der Alte und der Neue Bund

Das Alte Testament berichtet davon, wie Gott in die Geschichte der Menschen einzugreifen begann, um sich mit ihnen zu verbünden. Das ist der Alte Bund. Das Neue Testament erzählt, wie Jesus diesen Bund ein für alle Mal besiegelt hat. Das ist der Neue Bund! Mit Hilfe des Neuen Testaments verstehen die Christen das Alte Testament besser.

Ein Buch oder mehrere Bücher?

Tatsächlich ist die Bibel eine Sammlung: Das Alte Testament hat 46 Bücher! Und das Neue enthält 27: die vier Evangelien, die Apostelgeschichte, einundzwanzig Apostelbriefe und die Offenbarung, die Apokalypse. Diese Bücher sprechen auf tausend Arten von Gott: in Bericht- oder Gedichtform, als Gebet oder Erzählung.

Die Bibel, das Buch der Bücher

Mündliche Überlieferung

Die Bibel wurde zwischen 900 vor und 100 nach Christus geschrieben, und zwar hauptsächlich in Hebräisch, aber auch in Griechisch. Doch bevor man sie aufschrieb, wurden viele ihrer Texte jahrelang mündlich weitergegeben, auswendig, vom Vater zum Sohn …

Schlüssel zur Orientierung

Eine Textstelle in der Bibel wiederfinden? Das ist nicht sehr schwierig. Jede Bibelstelle ist mit den Anfangsbuchstaben des Buchs gekennzeichnet, in dem sie steht, zum Beispiel Mt für Matthäus. Daneben stehen zwei Ziffern, nämlich die des Kapitels und des betreffenden Satzes, den man auch Vers nennt.

Gut in Rechtschreibung

Jahrhundertelang wurde die Bibel von jüdischen Schreibern, danach von christlichen Mönchen von Hand auf Papyrus und Pergament kopiert. Sie haben so gut aufgepasst, dass ihnen nur sehr wenige Fehler pas-

siert sind. Später hat Gutenberg das erste gedruckte Buch hergestellt. Es war eine Bibel!

Ein gehaltvolles Buch

Dank des Heiligen Geists macht uns die Bibel auch heute Gottes Wort verständlich. Ihre Lektüre ist für die versammelten Christen, zum Beispiel im Gottesdienst, geistige Nahrung. Auch die Art, wie die anderen die Bibel gelesen haben, macht uns reicher! Wir können auch ganz allein immer wieder darin lesen und uns an ihr freuen.

Rekorde

Jedes Jahr werden 20 Millionen Bibeln weltweit verkauft! Die gesamte Bibel wurde in 337 Sprachen, die Evangelien wurden sogar in mehr als 2000 Sprachen übersetzt!

Warum spricht Gott nicht mehr direkt zu uns, so wie in der Bibel?

Riiing! Das Telefon klingelt. »Hallo, mein Spatz? Hier ist die Mama. Alles klar bei euch? Gut, sag Papa, er soll schon mal das Nudelwasser aufsetzen. Ich komme in zehn Minuten. Küsschen.«

Solche Anrufe bekommst du ständig. Sie sind klar und eindeutig. Du weißt sofort, wer dran ist und was man dir mitteilen will. Viele Menschen meinen, es wäre doch ganz praktisch, wenn Gott uns auch so anrufen würde. Aber Gott spricht nicht direkt . . . und dennoch ruft er uns!

Die Bibel erzählt die Geschichte von Samuel, einem Jungen, der dem Priester Eli beim Gottesdienst hilft, so, wie es in jener Zeit üblich war. Samuel und Eli leben beide im Tempel Gottes. Eines Nachts hat Samuel das Gefühl, als ob ihn jemand riefe: »Samuel, Samuel!« Der Junge denkt, es wäre Eli, doch er ist es nicht. Kaum hat Samuel sich wieder hingelegt, hört er wieder die Stimme. Und so geht er wieder zu Eli, aber auch diesmal hat nicht er gerufen. Samuel schläft wieder ein, doch der Ruf will nicht verstummen. Schließlich begreift Eli: Es ist Gott, der Samuel ruft.

Zum Glück ist Eli bei ihm! Denn ganz allein hätte Samuel bestimmt nicht verstanden, was er da gehört hat. Darum erklärt ihm Eli, wie man sich bereithält, Gott zu hören.

Auch zu uns kann Gott auf vielerlei Arten sprechen: durch die Geschichte von Jesus, wie sie in den Evangelien erzählt wird, durch eine Unterhaltung, durch das, was uns beim Beten in den Sinn kommt, durch ein innerliches Aufbegehren gegen eine Ungerechtigkeit, durch eine große Freude . . . Wir brauchen die Hilfe der anderen, um zu verstehen, was Gott uns sagt, denn Gott ruft oft sehr zaghaft, im Verborgenen. Und das ist gut so. Er überlässt es uns, wann wir zuhören und verstehen wollen.

Warum spricht Gott nicht zu allen Menschen?

Ob Propheten, Heilige oder Zeugen des Glaubens, sie alle erzählen uns von besonderen Begegnungen zwischen Gott und einzelnen Menschen. Sie wurden unter Tausenden auserwählt, um eine außergewöhnliche Erfahrung zu machen: Gott ruft sie und spricht mit ihnen; aber auch sie sprechen mit Gott und antworten ihm. So sagt Gott um 628 vor Christus zum Propheten Jeremias: »Ehe ich dich im Bauch deiner Mutter entstehen ließ, habe ich dich geweiht, zum Propheten der Länder habe ich dich ausersehen.«
Da Jeremias Angst hat, sich auf einen solchen Auftrag einzulassen, ant-wortet er Gott: »Sieh, ich könnte dein Wort nicht verbreiten, ich bin doch noch ein Kind.« Da kann man schon eifersüchtig werden angesichts dieser direkten Begegnung mit Gott – wo wir manchmal feststellen, dass Gott sich versteckt hält! Aber Gott ist auf seine Weise bei uns und spricht über die Menschen zu uns, denen wir begegnen, durch ihre Angst oder ihre Schmerzen, durch ihre Zärtlichkeit und ihre Freude … Wir brauchen die anderen, um zu verstehen, wie Gott uns hier und heute Zeichen sendet. Denn sie sind das Gesicht Gottes.

Hilft Gott uns wirklich?

Gott, manchmal fände ich es schön,
wenn du in schweren Stunden, an kummervollen Tagen,
mein Leben ändern würdest,
im Handumdrehen, durch Zauberei.
Doch du bist geduldig, leise,
du tust heimlich Gutes.
Du schenkst uns deinen Geist.

Er ist leicht wie ein Hauch,
aber er ist deine Kraft.
Er hilft uns, standhaft zu bleiben,
auf unsere Weise,
wenn wir wollen.
Durch ihn bist du bei uns,
du kümmerst dich um uns,
du, unser Gott!

Wenn alle Menschen tot sind,
was passiert dann mit dem Universum?

Wenn alles endet,
am Ende aller Zeit,
wenn es keine Menschen mehr gibt,
die auf der Erde wohnen und das
Weltall erforschen,
was wird dann passieren?

Wenn die Sonne sich zu einem
roten Riesen aufbläht, zu einem Feuerball,
der alles ringsum verbrennt,
in Milliarden Jahren,
was wird dann noch sein, danach?

Werden die Sterne verglühen,
wie man die Lichter ausknipst
in einem leeren Haus?

Werden die Planeten explodieren
wie ein Feuerwerk in der Nacht?
Wenn alles endet, am Ende aller Zeit,
was wird dann passieren?
Vielleicht ein wenig von alledem,
sagen die Wissenschaftler.

Es ist ziemlich erschreckend,
sich das Ende der Welt vorzustellen.
Es wird einem ganz schwindelig
bei dem Gedanken,
dass alles enden wird!
Aber wir Christen, wir bekräftigen:
Gott passt auf uns auf.
Gott verspricht uns ein
ewiges und erneuertes Leben.

Warum wurde Maria auserwählt, die Mutter des Messias zu sein?

Maria kannte die Worte der Propheten schon lange gut. Ganz besonders liebte sie den Freudenruf des Propheten Jesaja, der schon Jahrhunderte im Voraus die Geburt eines von Gott Gesandten, des Messias, ankündigte – des Erlösers seines Volkes. »Siehe, die junge Frau erwartet ein Kind!« Und wie viele junge Jüdinnen fragte sich Maria beim Gebet: »Sollte ich, Herr, diese von dir auserwählte Mama sein?« An dem Tag, als Maria begreift, dass Gott ihr ein Zeichen schickt, ist ihr Herz von ungeheurer Dankbarkeit erfüllt. Sie ist ganz aufgewühlt, als sie hört, dass diese Verheißung des alten Propheten ihr gilt, hier und jetzt.

Und so betet sie:
»Du bist groß, Herr!
Ich dagegen bin so klein …
Und bestimmt hast du mich
deswegen auserwählt.
Jahrhundertelang
werden alle sagen,
dass ich Glück hatte.
Ich aber habe nichts getan,
um dies zu verdienen.
Außer dein Wort zu lieben
und dir mein Ja zu geben.«

Auch wir können in unserem Gebet Marias Freude teilen und ihr zurufen:
»Freue dich, Maria,
voller Gnaden!
Der Herr ist mit dir,
denn Jesus ruht in deinen Armen!«

Warum kommen wir schon mit Sünde zur Welt?

Das hast du bestimmt auch schon mal gesagt: »Es war stärker als ich, ich konnte einfach nicht anders.« Diese böse Geste, diese verletzende Äußerung ist dir so rausgerutscht. Manchmal kommt es uns vor, als wären wir gespalten: Wir wollen etwas und dann auch wieder nicht. Wir können das kaum beeinflussen. Als ob die Sünde ansteckend wäre.

Wenn heute ein Kind geboren wird, kommt es in eine Welt, die schon von einem langen Abenteuer geprägt ist: von der Geschichte von der Liebe Gottes zu den Menschen, aber auch von der Verweigerung der Liebe.

Das ist so, als ob ein neuer Schüler in eine Klasse kommt, wo die Gewalt regiert. An dieser Gewalt ist jeder Einzelne ein bisschen mitschuldig. Und langsam droht er mit hineingezogen zu werden. Er wird es schwer haben, sich ganz allein dagegen zu wehren.

Man nennt diese Situation, in der die Menschheit gefangen ist, die »Erbsünde«: Jede Generation ist Opfer und zugleich auch mitverantwortlich für diese lange Geschichte der Ablehnung Gottes.

Die Bibel lehrt uns, dass diese ansteckende Sünde bis zum Ursprung der Menschheit zurückreicht. Adam und Eva, der Mann und die Frau, wehren sich gegen die Erkenntnis, dass ihr Leben ein Geschenk Gottes ist. Sie halten sich für Götter. Dadurch zerreißen sie das enge Band zu Gott.

Auch wir müssen uns in jedem Moment entscheiden, ob wir den Bund mit Gott bejahen oder nicht. Und wir sind mit Adam und Eva verbunden, genauso wie mit all denen, die vor uns in der Sünde verstrickt waren.

Doch noch stärker sind wir mit Jesus verbunden. Er ist unser Halt. Indem wir uns der Liebe Gottes hingeben und ein Leben nach dem Vorbild von Jesus führen, bedeutet die Taufe den Sieg Gottes über die Sünde, die die Welt vergiftet.

Liebt Gott die Menschen genauso, die nicht an ihn glauben?

Bei seinen Spaziergängen in den Hügeln von Galiläa begegnet Jesus den unterschiedlichsten Männern und Frauen.

Manche sind arm, andere wurden vom Unglück getroffen, wieder andere scheinen ihr Leben erfolgreich zu meistern.

Jesus findet immer ein Wort oder eine Geste, um allen zu zeigen und begreiflich zu machen, dass Gott sie liebt. Er geht nicht mit einem Fragebogen herum, um herauszufinden, wer an Gott glaubt und wer nicht.

Jesus hat gesagt: Gottes Liebe schließt jeden ein, ob er glaubt oder nicht. Gott ist die Freiheit des Menschen zu wichtig, als dass er unter Zwang geliebt werden will. Denen, die an ihn glauben, räumt er kein Vorrecht ein. Vor allem sollen sich diese Menschen nicht über die anderen stellen. Im Gegenteil: Er möchte, dass alle, die auf seine Liebe antworten, verkünden, dass sich Gottes Liebe an alle richtet.

Kapitel 4

Jesus von Nazaret

Woher weiß man, wie Jesus gelebt hat?

Um zu erfahren, wie dein Urgroßvater gelebt hat, kannst du alle Menschen, die ihn kannten, bitten, dir von ihm zu erzählen. Du kannst auch nach Fotos von ihm suchen oder nach Dingen, die ihm gehört haben. Wenn er zu Lebzeiten sehr berühmt war, haben die Zeitungen vielleicht Artikel oder Reportagen über ihn geschrieben. Und all das wird dir helfen. Bei Jesus ist das viel schwieriger. Man weiß, dass er vor ungefähr zweitausend Jahren wirklich gelebt hat. Ein kurz nach seinem Tod geschriebenes Geschichtsbuch, *Der Jüdische Krieg* von Flavius Josephus, erwähnt ihn ausdrücklich. Doch es werden keine ausführlichen Angaben gemacht. Es wird nur gesagt, dass Jesus tatsächlich gelebt hat, dass er gelehrt hat, Jünger hatte und hingerichtet wurde. Jesus selbst hat keine Memoiren geschrieben.

Wenn man mehr über sein Leben erfahren möchte, muss man die vier Evangelien von Matthäus, Markus, Lukas und Johannes lesen. Das Wort *Evangelium* bedeutet *frohe Botschaft*. Die frohe Botschaft ist, dass Jesus der Sohn Gottes ist. Das bezeugen alle vier, wenn sie von Jesus sprechen.

Die Evangelien schildern nicht alle Einzelheiten aus Jesu Leben, also ob er groß oder klein war, was er aß, wo er wohnte oder wie er sich kleidete. Aber sie berichten darüber, was Jesus zu den Kranken, den Armen, den Blinden gesagt hat. Und wie er ihnen und allen Menschen geholfen hat, die ihm begegnet sind und ihn bis zu seinem Tod und seiner Auferstehung begleitet haben.

Deshalb können wir alle erfahren, wer Jesus ist – gestern, heute und morgen.

An welchem Tag wurde Jesus geboren?
An welchem Tag ist er gestorben?

Im 6. Jahrhundert will der Mönch Dionysius Exiguus herausgefunden haben, wann genau das Zeitalter der Christen begonnen hat. Für ihn ist der Beginn der christlichen Zeitrechnung das Jahr, in dem Jesus geboren wurde. Dionysius Exiguus stellt seine Berechnungen an und legt damit das Jahr 1 fest. Ein neuer Kalender wird eingeführt. Seitdem gibt es die Zeit »vor Christus« und »nach Christus«.

Heute glaubt man, dass dem Mönch ein Fehler unterlaufen ist und dass Jesus schon 6 oder 7 Jahre vor diesem berühmten Jahr 1 geboren wurde! Aber das ändert nichts am christlichen Glauben.

Auch der 24. Dezember ist bestimmt nicht genau der Tag, an dem Jesus zur Welt kam. Dieses Datum wurde von Christen im 4. Jahrhundert festgelegt. Schon lange vorher war der 24. Dezember ein großer heidnischer Festtag zu Ehren der Sonne. Denn ab diesem Zeitpunkt wurden die Tage wieder länger. Die Christen beschlossen, Jesu Geburt an diesem Tag zu feiern. Sie wollten damit zeigen, dass er das wahre Licht ist.

Laut dem Evangelium starb Jesus an einem Freitag zur Zeit des jüdischen Osterfests. Die meisten Geschichtsforscher schlossen daraus, dass dies am Freitag, dem 7. April im Jahr 30, geschehen sein muss. Da war Jesus ungefähr 36 Jahre alt.

Warum ist die Jungfrau Maria eine Jungfrau? Sie hatte doch ein Kind, also auch einen Mann?

Ja, Maria hatte ein Kind, das war Jesus. Und sie hatte einen Mann: Josef. Das Evangelium berichtet über sie wichtige Dinge.

Wir lesen dort, dass Josef den Auftrag erhielt, dieses Kind, das nicht von ihm stammte, anzunehmen und ihm einen Platz in seiner Familie und seinem Volk zu geben. Und wir erfahren, dass Maria das Kind in ihrem Leib trug, obwohl sie weder mit Josef noch einem anderen Mann zusammengelebt hat. Sie war Jungfrau. Dieses Kind ist ein Geschenk Gottes – auf eine ganz andere Weise als alle anderen Kinder. Es kommt von Gott.

Ein Engel hat Maria verkündet: »Der Heilige Geist wird über dich kommen. Auch das Kind wird heilig sein und es wird Gottes Sohn heißen.« Welch eine überwältigende, wirklich unglaubliche Nachricht! Maria hatte große Zweifel. Deshalb fügte der Engel noch hinzu: »Für Gott ist nichts unmöglich.« Da Gott diese Geburt nicht gegen Marias Willen durchsetzen wollte, wartete er, ob sie einverstanden war. Sie sagte Ja und merkte schnell, dass dies der Wille ihres Herrn war. Sie vertraute ihm von ganzem Herzen.

Und alles geschah so, wie der Engel es gesagt hatte.

Die Christen folgen Maria im Glauben nach: Für sie ist dieser Mensch, Jesus, der Gottessohn. Und seit zweitausend Jahren vergessen sie nicht, Maria dafür zu danken, dass sie Jesu Ankunft auf der Erde ermöglicht hat!

Stimmt es, dass ein Stern die Heiligen Drei Könige zu Jesus geführt hat?

Das Evangelium des heiligen Matthäus erzählt uns von gebildeten Fremden, die von weit her kamen, aus dem Morgenland. Diese Weisen beobachteten den Himmel und die Sterne. Sie hatten einen neuen Stern aufgehen sehen.

Zu jener Zeit hielt man das für ein himmlisches Zeichen, dass eine sehr bedeutende Person geboren worden ist. Matthäus berichtet, dass die Weisen aus ihrer Heimat aufbrachen, um dem Stern zu folgen. Und er hat sie zu Jesus geführt.

Bis heute verzaubert uns dieser geheimnisvolle Stern. Die Kinder stecken ihn auf die Spitze des Weihnachtsbaums. Die Astrophysiker untersuchen, ob dieser Stern – vielleicht ein Planet oder ein Komet – wirklich existiert hat. Für Christen ist es das Wichtigste, die Botschaft des Evangeliums zu verstehen. Matthäus' Erzählungen über die Kindheit von Jesus sind kein detailgetreuer Bericht über alles, was passiert ist. Sie möchten uns Jesus näher bringen. Mit seiner Erzählung von den weisen Fremden wollte Matthäus ausdrücken, dass die Botschaft Jesu für die ganze Welt gilt, ohne Ausnahme.

Der Stern erinnert auch uns daran, dass jeder ein Licht braucht, das ihn leitet. Dieses Licht, das das Herz der Christen erhellt, ist Jesus Christus.

Hatte Jesus noch Geschwister?

Die Christen verehren Maria und Josef, die Eltern von Jesus, und auch seine Weggefährten, die Apostel, als Heilige. Aber es wurden nie Heilige erwähnt, die als seine Geschwister in Frage gekommen wären. Das ist ein Anhaltspunkt: Man glaubt seit jeher, dass Jesus ein Einzelkind war.

Dennoch ist in den Evangelien oft von »Brüdern« und »Schwestern« von Jesus die Rede. Es werden sogar Namen genannt: Markus und Matthäus berichten, dass seine Brüder Jakobus, Josef, Judas und Simon hießen. Wie kommt das? Man weiß, dass es in der Sprache, die in Jesu Heimat gesprochen wurde, kein Wort für »Cousin« oder »Cousine« gab. Man hatte nur die Wörter »Bruder« oder »Schwester«! Wenn die Evangelien also von »Jesu Brüdern und Schwestern« sprechen, sind damit auch seine Cousins und Cousinen gemeint.

Die Evangelien bezeichnen nur Jesus als »Marias Sohn«, nicht aber Jakobus, Josef oder die anderen. Und als Jesus am Kreuz starb, hat er seine Mutter Maria dem Apostel Johannes anvertraut, der sie zu sich nahm. Das wäre bestimmt nicht nötig gewesen, wenn noch Geschwister da gewesen wären.

Hatte Jesus
lange Haare und einen Bart?

Du würdest wohl gerne wissen, wie Jesus ausgesehen hat? Da bist du nicht der Einzige. Es gibt sogar Leute, die unbedingt eine Zeitmaschine erfinden und in die Vergangenheit reisen wollten, um ein Foto von ihm zu machen! Aber über das Aussehen von Jesus ist nichts bekannt.

Die jüdische Religion verbot nämlich die Darstellung des menschlichen Körpers in Form von Bildern oder Statuen. Man kann aber annehmen, dass Jesus wie ein galiläischer Jude seiner Zeit aussah.

Einige Jahrhunderte nach seinem Tod haben ihn die Künstler als schönen jungen Mann ohne Bart und mit kurzen, lockigen Haaren gemalt. Später wurde er als ehrwürdiger Meister mit Bart und langen Haaren dargestellt. In einigen Ländern hat man ihn sich als blonden Prinzen vorgestellt. Amerikanische Sklaven haben ihn als armen, nackten, dunkelhäutigen Mann mit krausen Haaren gemalt ...

Jeder stellt sich Jesus in seinem Herzen anders vor, jeder möchte ihn wie einen Bruder neben sich spüren und jeder sieht ihn auf seine Weise: blond oder brünett, gekleidet wie ein König oder wie ein Bettler, von zarter oder robuster Statur. Doch das Wesentliche ist für die Augen unsichtbar.

Ging Jesus als Kind auch zum Religionsunterricht?

Jesus ging nicht in den Religionsunterricht, denn zu seiner Zeit gab es die christliche Katechese noch gar nicht! Aber wahrscheinlich besuchte er am Sabbat, an dem Tag, der Gott geweiht war, wie alle Kinder des Dorfes Nazaret die Synagoge. Vielleicht setzte er sich mit den anderen, nach Jerusalem gewandt, auf den Boden, direkt vor den großen, siebenarmigen Leuchter, der demjenigen, der die Gebete vorlesen musste, ein schummriges Licht spendete.

Jesus sprach bestimmt diese Worte mit allen Anwesenden: »Höre, Israel! Der Herr, unser Gott, ist der einzige Gott.« Dann ging derjenige, der auch beim ersten Stern am Himmel zum Sabbatgebet rief, eine der Thorarollen holen. Das sind die ersten Bücher der Bibel und wurden in einer Holzkiste aufbewahrt. Dann hielt er sie vor den versammelten Menschen in die Höhe.

Die ausgesuchte Textstelle wurde mit lauter Stimme vorgelesen. Da sie in Hebräisch verfasst ist, übersetzte jemand die Worte ins Aramäische, die Muttersprache von Jesus. Danach wurde der Text von einem Freiwilligen oder einer angesehenen Person erklärt, ausgelegt und diskutiert. Nach einer letzten Lesung aus den Schriften der Propheten endete der Morgen in der Synagoge und alle wünschten sich einen guten Sabbat.

Wie die gleichaltrigen Kinder wird Jesus im Alter von fünf Jahren im »Haus des Buchs« gelernt haben, die Bibel auf Hebräisch zu lesen. Mit zehn Jahren wird er im »Haus des Wissens« gewesen sein, um die religiösen Gesetze des jüdischen Volks zu lernen. Er wird auf Fragen des Lehrers geantwortet haben. Zum Beispiel: Was sind unsere Pflichten gegenüber Gott und unseren Eltern? Was wünscht sich Gott von uns?

Jesus wird mit seinen Antworten für Verwunderung gesorgt haben. Und wenn er Jahre später in der Synagoge von Nazaret die Textstelle »Der Geist Gottes ist mit mir« lesen wird, begreifen einige, dass diese Worte des Propheten Jesaja für ihn, Jesus, geschrieben worden sind.

Wer ist der Vater von Jesus, Gott oder Josef?

Euer eigener Vater, das ist ein Mann, der euch durch die Liebe zu eurer Mutter das Leben geschenkt hat. In diesem Sinn sind aber weder Gott noch Josef der Vater von Jesus.

Wenn Jesus von Gott spricht, nennt er ihn »Mein Vater«. Und selbst im Gebet redet er ihn mit »Abba« an. Das klingt fast so vertraut wie »Papa«.

Als die Jünger Jesus so reden hörten, begriffen sie, dass er von Gott gesandt war, ja, dass er schon immer mit Gott gewesen war.

In Jesus hat Gott all seine Liebe gelegt, so, wie ein Vater seinem Kind seine ganze Liebe schenkt.

Josef hingegen hat sich um Jesus seit dessen Geburt wie ein Familienvater gekümmert. Trotzdem, so verrät uns das Evangelium, hat er Jesus nicht das Leben geschenkt: Jesus entstand in Maria als ein Geschenk Gottes.

Trotzdem kam Josef eine sehr wichtige Rolle zu: Er war bereit, Jesus als seinen Sohn anzunehmen. Und so führte er ihn in die Familie des Königs David ein, von der er ein Nachfahre war. So konnte Jesus zugleich als der Sohn Davids und als Gottessohn bezeichnet werden.

Hätte Jesus nicht auch ein Mädchen sein können?

In der Krippe hätten Josef und Maria dann ein kleines Mädchen gewiegt. Später wäre sie die Führerin der Apostel geworden. Man hätte sie »Gottes Tochter« genannt... Denkbar oder nicht? Hätte Jesus nicht auch ein Mädchen sein können?

Für Gott ist nichts unmöglich. Er, der sein eigenes Kind mitten unter uns zur Welt kommen und aufwachsen ließ, er hätte entscheiden können, dass es anstelle des Mannes Jesus ein Mädchen ist. Oder ein Chinese, oder ein Bewohner des 32. Jahrhunderts oder eine junge Behinderte. Aber seht, Gott hat eine Wahl getroffen. Das war

seine persönliche Freiheit! Indem er Jesus zu uns schickte, hat er eine Zeit ausgewählt und dazu ein Volk, das Volk der Juden. Und um dort als Gesandter Gottes erkannt zu werden, konnte Jesus keine Frau sein. Denn das jüdische Volk erwartete einen Gesandten Gottes, einen »Messias«. Die Propheten hatten vorausgesagt, dass es ein männlicher Nachkomme des Königs David sein würde, kein weiblicher! Jesus kam als Junge zur Welt. Das soll aber nicht heißen, dass Mädchen weniger wert sind! Jesus ist für uns alle auf die Erde gekommen, für die Frauen wie für die Männer, zu allen Zeiten und allen Erdteilen.

Warum lässt sich Jesus von Johannes dem Täufer taufen?

Am Ufer des Jordan herrscht dichtes Gedränge. Verglichen mit der Gluthitze der Wüste ist die Luft hier kühl. Die Menschen sind von weit her gekommen – aber nicht für ein einfaches Bad. Sie sind zu Johannes dem Täufer gekommen.

Da steht er, in seinen merkwürdigen kamelfarbenen Umhang gehüllt. Seine Stimme klingt kräftig, eindrucksvoll. Johannes spricht über die Taufe, die von den Sünden reinwäscht. Einen nach dem anderen taucht er die unter Wasser, die Gott um Verzeihung bitten möchten. Für sie ist dieses Bad wie ein Neuanfang, der das Herz erfrischt!

Manche fragen sich: Und wenn das der erwartete Erlöser, der von Gott gesandte Messias, ist? Doch Johannes erwidert: »Nein, ich bin es nicht. Aber er wird kommen, bald nach mir.« Und dann steht

eines Tages ein Mann von etwa dreißig Jahren vor ihm, um die Taufe zu empfangen. Es ist Jesus. Johannes begreift, dass der Moment gekommen ist. Er sagt zu Jesus: »Eigentlich müsste ich von dir getauft werden!« Doch Jesus besteht darauf. Indem er sich unter das Volk mischt, zeigt er, dass er einer von vielen Menschen ist, die das Bedürfnis spüren, sich Gott zuzuwenden. Also tauft Johannes ihn wie die anderen.

Die vier Evangelien berichten uns: An diesem Tag war es, als ob sich der Himmel für die Menschen öffnen würde. Gott, der Vater, gab uns Jesus, sein Kind: »Dies ist mein geliebter Sohn.« Jesus wurde erfüllt von der Kraft des Heiligen Geistes, um seine Arbeit, seinen Auftrag, in Angriff zu nehmen. Daher ist die Taufe im Jordan für Jesus wie ein Aufbruch, eine Art *Weihe*.

Warum hat Jesus uns geliebt?

Jesus zögerte nicht, neben Menschen Platz zu nehmen, mit denen man eher keinen Umgang pflegte und die jeder schief ansah. Er kannte weder Scham noch Furcht. Warum? Eines Tages wandte er sich in einer Stadt namens Jericho einem Mann zu, der ihn unbedingt sehen wollte. Der Mann war klein und war deshalb auf einen Baum gestiegen. Dieser Zachäus war zweifellos ein kleiner Betrüger. Jesus ging auf ihn zu, besuchte ihn daheim und hat dadurch das Leben dieses Mannes verändert. Warum?

An einem anderen Tag, kurz vor seinem Tod, wusch Jesus seinen Jüngern die Füße, als wäre er ihr Diener. Warum? Ja, warum hat er all diese Menschen geliebt, von denen das Evangelium berichtet, und noch viele andere? Warum hat er gerade den Geringsten Beachtung geschenkt? Hier gab es nichts für ihn zu gewinnen, vielmehr alles zu verlieren. Der Beweis dafür? Man hat ihn sterben lassen ...

Aber Gott hat ihn auferweckt. Er lebt und liebt weiterhin jeden Einzelnen von uns. Warum? Wir haben doch gar nichts mit ihm zu tun!

Nun, das ist so: Jesus und Gott, sein Vater, und der sie vereinende Geist der Liebe sind in Liebe verbunden. Sie lieben sich so sehr, dass ihre Liebe auf alle Kreaturen überspringt und sich wie eine wunderbare ansteckende Krankheit auf sie überträgt! Gott kann nichts anderes als lieben. Die Niedertracht und der Hass der Menschen können seine Liebe nicht entmutigen. Im Gegenteil: Als Antwort schickt Gott uns seinen Sohn Jesus als unseren Bruder.

Jetzt gehören wir zur Familie Gottes; wir teilen sein Geheimnis, das Geheimnis zum Glücklichsein: Auch die zu lieben, die uns nichts als Gegenleistung geben können oder die uns nicht lieben. Einfach nur zu lieben, ohne besonderen Grund. Notfalls bis in den Tod.

Das hat Jesus uns gelehrt. Und das waren keine leeren Worte. Er hat auch danach gehandelt. Bis zum Ende!

Warum hatte Jesus keine Frauen unter den Aposteln?

Du erinnerst dich vielleicht an die Fischersfrau, die mit Jesus über ihre beiden Söhne gesprochen hat. Oder an Maria Magdalena, die erste Person, die Jesus nach seiner Auferstehung lebend gesehen hat. Und an die Schwiegermutter von Petrus ... sowie viele andere, und natürlich Maria.

All diese Frauen haben Jesus gespannt zugehört und einige schlossen sich der kleinen Gruppe an, die Jesus begleitete. Wie die Jünger.

Doch eines Tages hat Jesus zwölf Apostel ausgesucht, die seine frohe Botschaft in der Welt verbreiten sollten.

Es war keine Frau dabei. Denn die Apostel mussten weit reisen, riskierten dabei Schiffbruch oder Gefängnis und lenkten die Gruppen der Urchristen in etlichen Ländern ... Und zu Jesu Lebzeiten war eine solche Lebensweise für Frauen nicht üblich. Frauen hatten eine wichtige Funktion im Haus, aber nicht in der Öffentlichkeit. Dennoch war die Hilfe der Frauen für die Apostel wertvoll. Inzwischen hat sich die Welt verändert, Frauen übernehmen heute oft die gleichen Aufgaben wie Männer. Ob du nun ein Mädchen bist oder ein Junge, eines ist sicher: Jesus zählt auf dich!

Warum hat Jesus Blinde und Lahme geheilt?

Zu Jesu Lebzeiten gibt es Menschen, die die Kranken und Gebrechlichen versorgen: mit Arzneien, Öl, Wein, Pflanzen oder Magie. Jesus hingegen ist weder Arzt wie etwa der heilige Lukas noch Wunderheiler.

Und doch ist er stets von einer Menge blinder, tauber und hinkender Menschen umringt, die herbeikommen, sobald die Nachricht umgeht, dass Jesus da ist. Sogar Aussätzige, die von allen gemieden werden, kommen zu ihm. Und bestimmt auch Menschen, die im Herzen, in ihrer Seele krank sind.

Indem er sie empfängt, möchte Jesus zeigen, dass Gott sich vor allem um die Ärmsten der Armen sorgt. Genau das hatten die Propheten geweissagt. Und indem Jesus einige von ihnen durch die bloße Kraft seines Wortes heilt, will er uns sagen, dass die Krankheit, das Böse und der Tod nicht immer siegen werden.

Der Tag wird kommen, an dem das, was bei Jesu Auferstehung geschah, für alle Menschen wahr wird: Gottes Liebe wird den Tod und das Böse überwinden. Die Heilungen, die Jesus vornimmt, sind wie Vorboten für den Tag des Sieges von Gott und des Lebens, das er schenkt.

Woher wusste Jesus, dass er Gottes Sohn war?

Weder Jesus noch die, die sein Leben aufschrieben, haben diese Frage beantwortet. Sie erinnert ein wenig an die Frage eines zu neugierigen Reporters, der alles über das Leben eines Stars wissen möchte.

Aber alles, was in den Evangelien steht, lässt uns das Geheimnis von Jesus erahnen: Er hat immer gewusst, dass er Gottes Sohn ist.

Was Jesus bereits im Alter von zwölf Jahren über Gott und die Heilige Schrift weiß, erstaunt sogar die sehr religiösen Juden im Tempel von Jerusalem. Und schon das erste Wort, das uns von ihm überliefert ist, belegt, dass Gott, den er als seinen Vater bezeichnet, sein ganzes Leben ausfüllt: »Muss ich nicht im Haus meines Vaters sein?«

Die Ereignisse in seinem Leben, die Menschen, denen er begegnet, das, was er jeden Samstag in der Synagoge hört und was er in der Bibel liest, helfen ihm zweifellos, das besser zu verstehen und klarer auszusprechen, was er schon immer gewusst hat: Gott ist ihm so nah, dass er eins mit ihm ist und voller Vertrauen in seinem Namen sprechen kann.

Als Jesus sich von Johannes dem Täufer im Jordan taufen lässt, hört er die Stimme Gottes: »Du bist mein Sohn, dir gilt meine Liebe, dich habe ich erwählt.« Für Jesus ist das keine Neuigkeit, keine Entdeckung. Vielmehr ist es der Anfang seines Auftrags, allen Menschen zu verkünden, dass auch sie von Gott geliebt werden.

Was bedeutet eigentlich »Verklärung«?

Zugegeben, das ist ein schwieriges Wort! Die Verklärung ist ein ganz besonderer Augenblick im Leben von Jesus. Drei Jünger sind Zeugen dieser Begebenheit.

Jesus steigt mit Petrus, Jakobus und Johannes zum Beten auf einen Berg. Es ist einer der kostbaren Momente, wo sie unter sich sind, fernab der Menge, wie in einer Familie. Da sehen die Jünger plötzlich, wie sich das Gesicht von Jesus verwandelt und von Licht umflutet wird. Seine Kleider sind leuchtend weiß.

Und sie hören eine Stimme sagen: »Dies ist mein Sohn, den ich erwählt habe.« Dann wird alles wieder wie vorher. Die Jünger sind durch das Gesehene verstört. Diesmal ist deutlicher denn je, dass Jesus Gott nahe ist wie kein Mensch zuvor.

Trotzdem erwartet sie eine grausame Nachricht: Jesus vertraut ihnen an, dass er sterben wird, dass man ihn töten wird wegen dem, was er tut. Die Jünger verstehen nichts mehr. Warum sollte der Gottessohn sterben?

Später werden sich die Jünger an diesen Moment erinnern und plötzlich wird ihnen klar, was Jesus hatte sagen wollen. Die Verklärung kündete von Jesu Auferstehung. Sie war wie ein Zeichen mit der Botschaft: Selbst wenn ihr Jesus sterben seht, vergesst nicht, dass ihr ihn verklärt gesehen habt. Das ist es, was zählt: sein endgültiger Sieg über den Tod.

Die wichtigsten Stationen im Leben von Jesus Christus

Um das Jahr 30 kommt ein Mann nach Jerusalem: Jesus. Er wird von einer begeisterten Menge wie ein König empfangen. Doch ein paar Tage später wird er von derselben Menge zum Tode verurteilt. Wer ist dieser Mann?

Ein Mensch unter den Menschen

Er kommt ganz unbemerkt in einem Stall zur Welt. Maria, eine junge Frau aus Nazaret, hat ihn neun Monate in sich getragen. Sie hat eingewilligt, die Mutter von Gottes Sohn zu sein. Jesus wächst als Kind der Menschen auf.

Eine Begegnung am Flussufer

Jesus ist ungefähr 30 Jahre alt. Eines Tages hört er den Propheten Johannes den Täufer. Am Ufer des Flusses Jordan tauft Johannes die Leute. Noch kennt niemand Jesus. Jesus geht auf Johannes zu und bittet ihn um die Taufe. In diesem Augenblick ertönt die Stimme Gottes: »Dies ist mein geliebter Sohn.«

Aufbruch!

Jesus beruft zwölf Männer zu Aposteln. Andreas, Simon und die anderen lassen alles stehen und liegen, um ihm zu folgen. Mit ihnen macht er sich auf den Weg. Er spricht mit den Leuten und hört ihnen zu. Er trifft die Menschen seines Volkes, aber auch die Kranken, die Diebe und die Fremden. Und er bewirkt Wunder!

Glücklich

Wenn Jesus mit den Menschen redet, sind sie fasziniert. Allerdings ist das, was er erzählt, nicht immer leicht zu verstehen. Doch er nennt allen den Schlüssel zum Glück: die Liebe. Er verspricht allen, sogar den vom Glück Verlassenen, den Segen Gottes.

Die wichtigsten Stationen im Leben von Jesus Christus

Die Feinde

Allmählich wird viel über Jesus geredet. Ein bisschen zu viel, denken einige. Die römischen Machthaber wollen verhindern, dass Jesus die Leute zu einer Rebellion aufwiegelt, und die jüdischen Religionsführer empören sich: »Mit welchem Recht spricht er so von Gott?« Als Jesus wie ein König in Jerusalem empfangen wird, ist das Maß voll: Seine Feinde beschließen, ihn zu töten.

Das letzte Abendmahl

Kurz vor dem Paschafest bricht Jesus das Brot mit seinen Jüngern und sagt dabei: »Dies ist mein Leib, der für euch hingegeben wird.« Mit diesen Worten kündigt Jesus den Jüngern seinen baldigen Tod an.

An einem Kreuz

Am folgenden Tag verrät Judas, einer der zwölf Apostel, Jesus. Jesus wird festgenommen und von den Römern verurteilt. Er wird ans Kreuz genagelt und stirbt.

Er lebt!

Am dritten Tag nach seinem Tod gehen einige Frauen andächtig zum Grab. Aber es ist leer! Ein Engel Gottes verkündet ihnen die unglaubliche Neuigkeit: Gott hat Jesus vom Tod auferweckt. Jesus lebt – für alle Zeiten! Jesus erscheint den Jüngern noch mehrmals. Er verspricht seinen Freunden, ihnen auf geheimnisvolle Art nahe zu bleiben. Er schickt ihnen seinen Geist und kehrt heim zu Gott, wo er in das ewige Leben seines Vaters eintritt.

Wie kann Jesus Gott sein und trotzdem zu ihm beten?

Für uns Christen ist Jesus Gott. Warum also hat man Jesus oft dabei gesehen, wie er zu Gott gebetet hat? Was für eine Vorstellung, zu sich selbst zu beten! Oder aber, wenn er so betet wie wir, dann ist er einer von uns – und nicht Gott …

In Wirklichkeit betet Jesus nicht wie wir. Sein Gebet ist einzigartig auf der Welt. Er betet auch nicht zu sich selbst, denn er wendet sich an Gott, seinen Vater.

Ja, wenn Jesus betet, nennt er Gott »meinen Vater«, »du, der du mich gesandt hast«. Er spricht mit ihm wie mit jemandem, den er sehr gut kennt und ganz arg lieb hat. Noch nie hat jemand so persönlich zu Gott gesprochen. Viele Leute sind darüber sogar empört!

Für Jesus ist Gott eine Person und er ist sein Vater. Aber zugleich sind dieser Vater und er so eng miteinander verbunden, dass sie eins sind. Sie leben vom selben Atem, den man den Heiligen Geist nennt. Darum bekennen wir Christen: Jesus ist unser Herr. Und darum spricht Jesus: »Wer mich gesehen hat, der hat den Vater gesehen.«

Eine derartige Liebe ist für uns nicht vorstellbar. Wir, wir haben schon Probleme, mit anderen zu teilen! Wir können nicht verstehen, wie der Vater des Weltalls, sein Sohn Jesus und ihr Geist vollständig vereint sein können. Das ist ein bisschen wie eine Familie, in der sich alle perfekt verstehen. Doch selbst die beste Familie der Welt liefert nur ein unvollkommenes Abbild dieser Familie!

Warum schildern die Evangelien gleiche Dinge mit unterschiedlichen Worten?

Wenn du die Bibel aufschlägst, wirst du unter anderem vier kurze Bücher finden: die Evangelien von Matthäus, Markus, Lukas und Johannes. Sie wurden nach Jesu Tod und Auferstehung geschrieben. Vielleicht hat es dich erstaunt, als du darin gelesen hast, dass die Ereignisse nicht immer in der gleichen Weise geschildert werden. So sagt zum Beispiel Jesus in den Passagen, die von seiner Festnahme erzählen, in jedem Evangelium etwas anderes.

Das soll nun aber nicht heißen, dass die Evangelien die Wahrheit verfälscht haben. Stell dir mal vor, du erzählst, was heute in der Schule los war, und dein Nebensitzer gibt den Schultag mit seinen Worten wieder. Glaubst du, dass ihr genau die gleichen Dinge sagen werdet? Nein, denn du hast dieses bemerkt und er jenes. Ein bestimmtes Wort der Lehrerin hat dich beeindruckt, aber dein Nachbar hat es schon vergessen.

Für die Verfasser der Evangelien gilt das Gleiche: Jeder erwähnt das von Jesus, was für ihn persönlich wichtig ist. Und jeder sieht Jesus auf seine Art. Es gibt mehr Gemeinsamkeiten zwischen den Evangelien als Unterschiede. Jedes ist einzigartig und unersetzlich. Es ist die Gesamtheit dieser vier Texte, die Zeugnis gibt von Jesu Leben.

Nun stell dir vor, du würdest denselben Tag deinen Großeltern, dann deinem besten Freund und schließlich deiner kleinen fünfjährigen Schwester erzählen. Würdest du dieselben Worte benutzen, dieselben Einzelheiten erwähnen? Nein, du wählst das aus, was den Einzelnen am meisten interessieren dürfte. Genau das haben die Verfasser der Evangelien auch getan. Sie hatten jeder ein anderes Publikum. Sie dachten beim Schreiben an ihre Leser und haben versucht, auf deren Fragen zu antworten.

Kapitel 5

Er war tot, jetzt lebt er!

Warum haben sie Jesus getötet?

Man hat fast den Eindruck, als hätten sich alle gegen ihn verschworen.

Die Hohen Priester und die Schreiber, die sich besonders gut im jüdischen Gesetz auskannten, waren über Jesu Taten und Reden entrüstet. »Für wen hält er sich? Für Mose? Oder gar für Gott? Jetzt vergibt er auch noch den Sündern!« In ihren Augen mussten solche Gotteslästerer und Spötter ohne Ausnahme gesteinigt werden. Sie waren es, die einen Scheinprozess gegen Jesus veranstalteten, mit falschen Zeugen.

Herodes, der Prinz von Galiläa, der Heimatprovinz von Jesus, war eifersüchtig auf dessen wachsenden Einfluss und fürchtete um seine Macht.

Und Pilatus, der römische Statthalter, der Jesus für unschuldig hielt, willigte trotzdem in seine Verurteilung zum Tode ein – aus Angst, von der jüdischen Obrigkeit beim römischen Kaiser angezeigt zu werden.

Judas, einer von Jesu Freunden, bereitete die Verhaftung vor. Vielleicht, um sich Geld zu verdienen, oder weil er von Jesus enttäuscht war und ihm nicht mehr vertraute.

Das Volk änderte im Handumdrehen seine Meinung: Erst jubelte es Jesus bei seiner Ankunft in Jerusalem zu. Und wenige Tage später schrie es: »Ans Kreuz mit ihm!«

Letztlich haben sie alle, aus unterschiedlichen Gründen, Jesus getötet.

Warum ließ sich Jesus ans Kreuz nageln?

Wir, seine Freunde, sind am Paschafest nach dem Abendmahl vor die Stadt Jerusalem gegangen, um im Garten Getsemani Ruhe zu finden. Jesus hält sich mit Petrus, Jakobus und Johannes etwas abseits auf. Da kommen Judas und die Tempelwächter mit Fackeln, Knüppeln und Schwertern. Judas umarmt Jesus – wie ein Jünger seinen Meister – und sogleich wird Jesus von den Wächtern verhaftet. Wir wollen eingreifen. Wie Petrus zücke auch ich mein Schwert, aber Jesus ruft: »Halt, hört auf!« Warum hat er sich nicht verteidigt? Warum hat er sich festnehmen, beschimpfen und wie einen Verbrecher hinrichten lassen – er, der Messias, der Sohn Gottes?

Ich war außer mir. Drei Jahre lang waren wir seine Gefährten und dann lässt er uns im Stich, in der Gefahr, in die wir wegen ihm geraten sind. Und es waren alle dabei, die auf ihn zählten. Welch ein Verrat!

Erst sehr viel später habe ich verstanden: Jesus war ein Gerechter, der Hass und Gewalt ablehnte. Wie hätte er anders handeln können, selbst um sein Leben zu retten, ohne uns zu verraten? Dann habe ich mich an sein letztes Gebet erinnert: »Vater, ich habe ihnen gezeigt, wer du bist. So wird die Liebe, die du zu mir hast, auch sie erfüllen und ich werde in ihnen leben.«

Warum sagt man, dass Jesus uns durch seinen Tod am Kreuz gerettet hat?

Jesus war manchen Leuten ein Dorn im Auge. Seine Lebensweise, seine Art, von Gott zu reden und den Menschen zu erzählen, dass Gott niemanden ausschließt, machte sie zornig. Also wollten sie ihn bekämpfen. Sie haben ihn dazu verurteilt, an den zwei Balken eines Kreuzes hängend zu sterben.

Natürlich hat Jesus es nicht darauf angelegt, zu sterben. Aber er ließ sich nicht von den Drohungen einschüchtern. Während er unablässig von der Liebe des Vaters zu allen Menschen erzählt hat, wusste er sehr wohl, dass er sich der Gefahr aussetzte, getötet zu werden. Er hat sogar gesagt: »Mein Leben nimmt man mir nicht, ich bin es, der es schenkt.«
Nun zeigen uns sein Tod und seine Art zu sterben deutlich, dass wir ihm noch wichtiger sind als sein Leben.

Doch nicht nur durch seinen Tod beweist er uns seine Liebe und erlöst uns, sondern durch sein ganzes Leben. Ob Jesus stundenlang zu der Menge über die Liebe des Vaters spricht, Kranke heilt, Aussätzige empfängt oder die Sünden vergibt, es ist immer die gleiche frohe Botschaft: Gott will nicht, dass wir von dem Bösen und dem Tod besiegt werden. Er rettet uns. Er will uns zum Leben hinführen, wieder lebendig machen.

Und das gilt insbesondere an Ostern, als Gott Jesus selbst dem Tod entreißt. In dieser Auferstehung erweist sich Gott wahrhaftig als Sieger über das Böse.

Deshalb sagen wir, dass Jesus uns mit seinem ganzen Leben gerettet hat.

Wohin ist der Körper von Jesus aus dem Grab verschwunden?

An diesem Freitagabend habe ich, Benjamin, voller Trauer und Verzweiflung die Öllampe zum Sabbat angezündet. Deutlich habe ich gehört, wie das Horn dreimal zum Gebet in der Synagoge rief, aber ich bin daheim geblieben. Jesus war tot, gekreuzigt. In aller Eile hatte man seinen Leichnam herrichten müssen, ehe er in einem Grab bestattet wurde, das Josef aus Arimatäa gehörte. Man hatte ihn gewaschen, mit Aloe und Myrrhe gesalbt und mit feinem Duft besprüht.

Wie es der Brauch war, hatte man seinen Körper in lange Stoffbahnen und seinen Kopf in ein Leintuch gewickelt. Ich hörte das Schluchzen der Jünger und die tränenerstickten Klagen der Frauen ... Nun war Eile geboten. Die Sonne sank bereits und die Stunde des Sabbats war nahe. Zu mehreren wälzten wir den mächtigen Rundstein vor den Eingang des Grabes, damit weder die Schakale noch die Mörder von Jesus hineinkämen. Danach sind wir schweren Herzens auseinander gegangen.

Am Sonntagabend erfuhr ich von anderen Jüngern die Nachricht: »Das Grab ist leer!«

Aufgeregt fragte ich: »Der Leichnam von Jesus ist verschwunden? Was ist geschehen? Wer hat ihn gestohlen? Halten die Römer ihn woanders versteckt? Wie ist das möglich?«

Aber sie antworteten mir alle gleichzeitig, die, die von Emmaus kamen, und die anderen, die Maria Magdalena und Simon Petrus getroffen hatten: »Jesus ist am Leben! Wir haben ihn gesehen! Er hat mit uns gesprochen! Er lebt, aber anders als wir; Gott hat ihn vom Tode auferweckt!«

Da begriff ich plötzlich: Das leere Grab war ein Zeichen. Jesus lebt. Er ist zu Gott heimgekehrt, zu seinem Vater. Ich hätte am liebsten gelacht und geweint, aber ich fiel auf die Knie: »Mein Gott, wie groß ist dein Name!«

Was bedeutet:
Jesus ist zur Hölle hinabgefahren?

Das soll weder heißen, dass Jesus in gewaltigen Flammen geschmort hat, noch dass er den Teufel getroffen hat. Es handelt sich nicht um die Hölle, in der die Menschen zu enden drohen, die Gott verhöhnen.

Wenn man zu Jesu Zeiten »zur Hölle« sagte, wollte man damit einfach ausdrücken: »Dort, wohin die Toten gegangen sind« – alle Toten. Man hatte keine klare Vorstellung davon, wo das sein sollte! Vielleicht unter dem Boden, auf dem die Lebenden gingen?

Wir sagen: »Jesus ist gestorben, begraben worden und hinabgestiegen in das Reich des Todes.« Das bedeutet, dass er wirklich gestorben ist, wie alle Menschen eines Tages sterben werden. Er hat die Reise, von der es keine Wiederkehr gibt, bis zum Ende gemacht.

Aber er, er ist zurückgekehrt! Wir bekennen, dass er auferstanden ist! Er hat den Weg in umgekehrter Richtung genommen, vom Tod zum neuen Leben, wo es keinen Tod mehr gibt. Er lädt alle Menschen ein, ihm zu folgen. Er zieht sie alle vom Grund des Todes weg. Er rettet alle, die vor ihm gestorben sind, und die, die nach ihm sterben werden. Jetzt wird sich das Tor, das er geöffnet hat, nicht mehr schließen!

Ist Jesus tatsächlich auferstanden?

Es war der Morgen des Pfingstfests, an dem man der zehn Gebote, die Mose von Gott erhalten hat, gedachte und das Ende der Frühjahrsernte feierte. Was für ein fröhliches Fest! Die Frauen backten Brot mit neuem Weizen und der Wein floss in Strömen aus den Krügen. Aber dieses Pfingsten ohne Jesus machte mich traurig, ebenso seine Jünger, die so lange seine Gefährten waren. Schon fünfzig Tage ohne ihn . . .

Die vier Straßen, die nach Jerusalem führten, waren hoffnungslos verstopft von den Karawanen der Pilger und ich konnte mir nur mit Mühe einen Weg hindurchbahnen, um zu den Aposteln zu gelangen, die mich erwarteten.

Doch als ich endlich vor ihrem Haus eintraf, hörte ich plötzlich einen heftigen Windstoß, so stark wie ein Donnerschlag. Die Menschen schrien von Panik ergriffen und einige liefen auf das Haus zu.

Ich machte mir Sorgen um die Apostel. Aber da traten sie alle zwölf ins Freie, mit strahlenden Gesichtern, und begannen sogleich zu sprechen. Ich war erstaunt; es waren doch Männer aus Galiläa und trotzdem konnten die römischen Pilger neben mir sie auch verstehen! Was ging da vor? Hatten sie schon vom Festwein getrunken?

Petrus ergriff das Wort: »Nein, wir sind nicht betrunken zu dieser Morgenstunde! Menschen von Israel, hört mich an: Dieser Mann, den ihr gekreuzigt habt, Jesus von Nazaret, ist mit Gottes Hilfe von den Toten auferstanden, wir können es bezeugen. Das ganze Haus Israel soll darüber Gewissheit haben.«

Einige in der Menge unterbrachen Petrus: »Was sollen wir tun?« Ja, was sollen wir tun, um so wie sie erfüllt zu sein vom Geist Gottes und verkünden zu können: Jesus Christus lebt. Es ist wahr! Jetzt beginnt etwas Neues!

Aufgewühlt durch seine Worte drängte ich mich durch die Menge und ging zu ihnen, um an ihrer Seite zu sein . . .

Warum sieht man Jesus nicht, wenn er doch lebt?

»Ich heiße Maria Magdalena und gehöre zum Freundeskreis von Jesus. Am dritten Tag nach seinem Tod habe ich sein leeres Grab entdeckt. Welch ein Schrecken! Ich habe geglaubt, sein Leichnam wäre gestohlen worden. So schnell mich meine Beine trugen, bin ich zu den anderen gerannt, um ihnen diese Neuigkeit mitzuteilen.

Wenig später geschah noch etwas Phantastisches: Ich habe ihn gesehen. Jawohl, er war es, Jesus, mein Herr. LEBENDIG. Es ist mir vollkommen egal, ob mich einige für verrückt halten. Und jetzt habe ich nicht mehr das Bedürfnis, ihn mit eigenen Augen sehen zu wollen. Ich weiß, dass er da ist. Das genügt mir. Ja, es hat sich wirklich so zugetragen: Jesus ist den Klauen des Todes entkommen, wie er es uns vorausgesagt hat!«

»Ich heiße Maria-Agnes. Ich lebe im 20. Jahrhundert. Auch ich bin eine Jüngerin von Jesus. Wenn ich Christin bin, dann auch wegen dir, Maria Magdalena, denn ich glaube an dein Zeugnis.

Ich habe Jesus nie gesehen. Ich glaube, dass er lebt – aber noch mehr als in seinem damaligen Leben, als er in deinem Land lebte, in Palästina. Ich glaube, dass Gott ihm eine andere Lebensform gegeben hat, welche die Grenzen von Zeit und Raum überwindet. Das kann man sich nicht vorstellen und manchmal überkommen mich Zweifel. Aber dann gibt es wieder Momente, in denen ich mir sicher bin, dass es wahr ist und dass Jesus in meinem Leben so anwesend ist wie in deinem, Maria Magdalena.«

Warum erkennen die Jünger Jesus nach seiner Auferstehung nicht?

Wenn ich heute, 2000 Jahre danach, an Jesus denke, sage ich mir oft: Ich würde so gern in die Vergangenheit reisen und Jesus und seinen Freunden begegnen. Ihn mit eigenen Augen zu sehen, seine Stimme zu hören, wäre sicher ein unglaubliches Erlebnis!

Und wenn wir schon bei Träumen sind, dann möchte ich ihn auch gerne nach seiner Auferstehung sehen. Vielleicht hätte ich ihn ja auf Anhieb erkannt? Seine Gefährten brauchten immerhin einige Zeit, um das Geschehene zu begreifen. Zwei von ihnen liefen mit ihm auf der Straße von Jerusalem nach Emmaus. Sie hielten ihn zunächst für einen Fremden. Und

dann sahen ihn einige am Ufer des See Genezareth, wo sie Fische fingen. Auch sie haben ihn nicht gleich erkannt.

Für sie dürfte das kaum zu verstehen gewesen sein. Das war etwas so Neues und so Unglaubliches! Denn Jesus lebte, aber auf eine andere Weise. Ja, er war es ohne Zweifel, weder ein Gespenst noch ein Traum, denn er hat mit ihnen gegessen. Doch er war anders. Sie mussten lernen, ihn mit neuen Augen zu sehen.

Also haben sie es gelernt, und zwar bis zu dem Moment, in dem sie ihn nicht mehr sehen mussten. Sie waren sich sicher, dass Jesus für alle Zeit dem Tod entronnen ist.

Wird Jesus auf die Erde zurückkommen?

Wir befinden uns im 1. Jahrhundert, kurz nach Jesu Tod. Die ersten Gruppen von Christen entstehen, zunächst in Palästina, später auch jenseits der Grenzen.

Zu ihnen gehören auch die Apostel, die Jesus gekannt und ihn nach seinem Tod lebendig gesehen haben. Für sie sind diese Ereignisse noch ganz nah und frisch. Da Jesus von den Toten auferstanden ist, denken sie, dass es nicht lange dauern wird, bis er in seiner Herrlichkeit und für alle Zeit zurückkehrt! Und da Jesus in Gottes Leben eingegangen ist, wird wohl eine neue Zeit anbrechen. Warum sollte es nicht das Zeitalter Gottes sein?

Also warten sie. Manche Jünger beschließen sogar, überhaupt nichts mehr zu unternehmen. Wozu soll man auch reagieren, wenn doch das Ende dieser Welt bevorsteht? Aber nichts passiert. Monate und Jahre vergehen. Ob sie vielleicht etwas falsch verstanden haben? In Gesprächen und Gebeten wird ihnen allmählich klar, dass niemand sagen kann, wann Jesus wiederkommt. Nur in einem Punkt sind sie sicher: dass Jesus sie an der Hand nimmt, wenn das Ende der Welt kommt.

Bis dahin aber findet das Leben hier statt – und das ist ein Geschenk, das jeder selbst gestalten soll. Die Christen haben etwas Wesentliches begriffen: Sie werden nicht teilnahmslos auf den Knien verharren, sondern aktiv und aufrecht durchs Leben gehen! Was sie nicht daran hindert, gelegentlich zum Beten niederzuknien.

Schließlich ist nach Jesu Himmelfahrt die Zeit der Christen und der noch jungen Kirche angebrochen. Das ist nicht wenig!

Die Christen erkennen auch etwas sehr Wichtiges: Jesus hat sie nicht im Stich gelassen. Wann immer sie sich zum Gebet versammeln oder zum Lesen der Evangelien und das Fest der Eucharistie feiern, ist er anwesend. Jesus führt sie. Wenn sie zu denen gehen, die einsam oder arm sind, wenden sie sich zu Jesus hin.

Kapitel 6

Und wer ist eigentlich Gott?

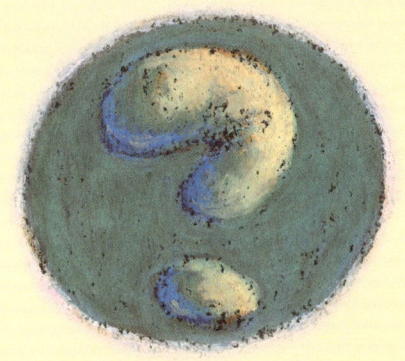

Bin ich Gott wichtig?

Höre, öffne deine Augen
dem kommenden Licht,
ich, dein Gott,
bin dir nahe,
siehst du mich nicht?
Höre den Wind, wie er atmet,
betrachte dein Gesicht, in meinen Handflächen verewigt,
ich liebe dich.
Dich, Lazarus, den Freund von Jesus,
der dich dem Tod entrissen hat.
Dich, Zachäus, der du in den Wipfel eines Baumes geklettert bist
an dem Tag, als Jesus dein Haus besuchte.
Dich, Therese von Lisieux,
ich führe dich in der Nacht.
Ihr seid Milliarden von Männern, Frauen und Kindern,
und doch bist du es, zu dem ich spreche,
ich, der Alleinige, zu dir, der du einzigartig bist.
In meinen Augen bist du unendlich wertvoll.
Ich bin es, Gott,
der dich liebt.
Ja, du bist mir wichtig.

Warum ist Gott unsichtbar?

Manchmal finde ich es richtig schade, dass man Gott nie sehen kann. Ja, im Grunde meines Herzens glaube ich, dass es ihn gibt. Aber damit im Alltag zu leben, ist schwieriger. Habt ihr denn viele unsichtbare, stumme Freunde? Manchmal bin ich sogar wütend auf ihn. Ich finde, er macht es sich etwas leicht mit dieser Abwesenheit. Wozu so ein großes Geheimnis? Manche werden mir entgegnen: »Du siehst Gott nicht? Da haben wir doch den Beweis, dass er nicht existiert.« Ein bisschen voreilig, diese Schlussfolgerung. Immerhin kennt jeder Dinge, die unsichtbar sind und trotzdem existieren: Wind, Luft, Gedanken, Liebe. Man kann sie weder mit den Fingern greifen noch mit

den Augen sehen. Man kann nur ihre Folgen sehen: den Baum, der sich im Wind biegt, die Menschen, die aus Liebe zusammenleben.

Und wenn es sich mit Gott so ähnlich verhielte? Vielleicht sehe ich ihn ja täglich, ohne es zu merken...? In den Evangelien stehen zwei Aussagen von Jesus, die mich nachdenklich gemacht haben. Jesus hat gesagt: »Wer mich gesehen hat, hat auch den Vater gesehen.« und: »Was ihr den Geringsten unter euch getan habt, das habt ihr mir getan.«

Wenn ich mein Gegenüber betrachte, sehe ich Jesus. Und wenn ich über Jesus nachdenke, erkenne ich Gott – eine außergewöhnliche Vorstellung. Plötzlich kommt mir die Welt größer vor.

Wer hat Gott erfunden?

Was für eine komische Frage! Als ob Gott im Atlas der großen Erfindungen neben Kompass, Schießpulver oder Buchdruck stehen könnte.

Zumindest unterstellt man mit den Worten »Wer hat Gott erfunden?«, dass Gott wie die Geschichte vom Rotkäppchen direkt der menschlichen Phantasie entstammt.

Ich würde jedenfalls voller Freude sagen, dass nicht der Mensch es war, der als Erster an Gott glaubte, sondern Gott, der als Erster auf den Menschen vertraute. Er wollte, dass jeder Mensch sein Werk erkennt: jeder Mensch, ganz gleich, ob er sich in Tierfelle kleidet oder sehr weise und belesen ist. Und zwar durch bloßes Betrachten der Sterne und Berge, der Meere, Vögel und Blumen.

Natürlich können wir Gott weder sehen noch berühren oder ihm wie einem einfachen Nachbarn begegnen. Es fällt schwer, ihn sich vorzustellen.

So haben manche Menschen gedacht, er sei zu ihrer Beruhigung erfunden worden, weil sie Angst vor dem Tod haben oder nicht alles erklären können.

Doch seit im Norden, Süden, Westen und Osten Menschen auf der Welt leben, haben sie die Erfahrung gemacht, dass sie etwas Unbeschreibliches, sehr Großes, Unendliches in sich tragen. Etwas, das sie nicht ausdrücken können, aber das sie leben lässt: die Gegenwart Gottes – wie ein Abdruck auf weißem, frisch gefallenem Schnee.

Warum lebt Gott nicht in der Welt, die er geschaffen hat?

Das wäre praktisch, wenn man Gott an irgendeinem Ort auf der Welt finden könnte: in den blauen Tiefen des Meeres oder im kühlen Schatten einer Grotte; im Feuer der Sonne oder im ständigen Wechsel des Mondes; in der Gewalt des Gewitters oder im Streicheln des Windes ... Schon seit Urzeiten versuchen die Menschen, Gott hier und dort zu finden. Aber natürlich haben sie ihn noch nie greifen können!

Dafür gibt es einen guten Grund: Gott wohnt nicht in irgendeinem Winkel der Welt. Er *erschafft* die Welt. Daher existiert die Welt in ihm. Die Welt ist nicht Gott. Auch wir sind nicht Gott. Er gehört uns nicht ... Er ist groß und geheimnisvoll, ein bisschen wie der Himmel. Deshalb sagen wir oft: »Gott ist im Himmel.« Das soll aber nicht heißen, dass er über den Wolken wohnt oder bei den Sternen!

Lässt uns Gott also ganz allein? Aber nein. Dieser Gott ist sehr groß. Man kann ihn weder sehen noch berühren und dennoch ist er uns nahe.

Ständig erschafft er die Herrlichkeit der Welt. Über die von ihm gesandten Propheten hat er zum Volk Israel gesprochen. Dann hat er den Menschen seinen Sohn Jesus geschenkt, um mitten unter ihnen zu leben. Und jeden Tag erfüllt er uns mit seinem Heiligen Geist. Wenn wir uns treffen, um gemeinsam im Namen Jesu zu beten, so ist Gott wirklich da, anwesend unter uns.

Sieht uns Gott?
Weiß er, was wir denken?

Ich erinnere mich an eine Schule, an der die Schüler in großer Angst lebten. Ihr Lehrer hatte seine Augen überall. Der kleinste Streich, das leiseste Kichern in der letzten Bankreihe wurden von ihm sofort entdeckt, notiert und bestraft. Er hatte die Gabe, überraschend und lautlos plötzlich aufzutauchen, mit einem schrecklichen, selbstgefälligen Grinsen im Gesicht. Man könnte meinen, dass er Antennen besaß, um die Gedanken seiner armen Schüler zu lesen. Diese fühlten sich schuldig, sobald sie ihn nur sahen – selbst wenn sie gar nichts gemacht hatten ...

Nun, wenn du denkst, dass Gott diesem Lehrer ähnelt, dann täuschst du dich gewaltig!

Es stimmt, dass Gott, der uns das Leben schenkt, uns ganz genau kennt. Alles, was wir tun, ist ihm bekannt. Kein Winkel in unseren Herzen ist ihm gleichgültig. Ein schönes Gebet in der Bibel lautet: »Herr, du durchschaust mich, du kennst mich durch und durch. Ob ich sitze oder stehe, du weißt es, du kennst meine Pläne von ferne.« (Das steht im Psalm 139.)

Trotzdem überwacht Gott uns nicht, sondern er wacht über uns, er lebt mit uns, das ist keineswegs das Gleiche!

Er ist so unaufdringlich und zuverlässig wie der Lufthauch, den wir zum Atmen brauchen. Fehlt uns dieser Lufthauch, schwindet das Leben aus uns. Lautlos wie eine sanfte Brise begleitet Gott uns überallhin, aber er lässt uns Freiheit und achtet unsere Geheimnisse.

Und wenn du beten möchtest ...

Wozu nützt das Beten?

Männer und Frauen verbringen ihr Leben damit, in der Abgeschiedenheit ihres Klosters und im Herzen zu Gott zu beten. Nützt das etwas? Ja. Es ist ein bisschen so, als würde man Zeit mit einem Freund verbringen. Du hast das Bedürfnis, deinem Freund zu erzählen, was an jedem Tag deines Lebens passiert. Er hört dir ganz genau zu und du lernst dadurch deinen Freund noch besser kennen. Beten ist so ähnlich, aber es ist noch stärker. Ob du glücklich oder traurig bist, Gott hört dir zu. Beten ist nicht bloß ein Ausruhen vom Lärm des Alltags und ein Lauschen auf das innere Geräusch, deinen Herzschlag. Es ist ein Hören auf Gott, der zu dir spricht. Das ist nicht immer leicht. Aber zum Lernen hat man ein Leben lang Zeit!

Zu wem beten?

In deinem Gebet, allein oder mit Freunden, kannst du Gott auf vielfältigste Art anreden: Mein Gott, Vater, Herr, Allmächtiger. Du kannst auch zu Jesus oder dem Heiligen Geist beten.

Überall und rund um die Uhr

Auf einem Hügel, im Zimmer der Eltern oder in deinem Baumhaus: Gott begegnet dir an jedem Ort. Ob mit deinen Cousins, vor dem Essen, nach einem Spaziergang, vor dem Einschlafen oder im Gottesdienst: Gott hört dir immer zu!

Und wenn du beten möchtest . . .

Von Kopf bis Fuß

Du kannst dich bekreuzigen, um zu zeigen, dass Gott dich ganz umfängt. Du kannst die Augen schließen, um Gott besser zu hören, wenn er bei dir ist. Du kannst dich hinknien, weil du dich neben Gott klein fühlst. Du kannst deinem Nachbarn die Hand geben, wenn du gemeinsam mit anderen betest. Im Schneidersitz oder stehend, es liegt an dir, herauszufinden, wie du dich beim Beten am wohlsten fühlst.

Meine Worte, ihre Worte

Beten kannst du mit ganz alltäglichen Worten wie »Danke«, Entschuldigung«, »Warum?«, »Bitte« usw. Oder mit Worten, die du nur für Gott erfindest. Oder mit einem Gedicht, einem Brief, einem Lied.
Vor vielen Jahrhunderten haben gläubige Menschen die Bibel geschrieben. Es war Gott, der sie zu diesem Buch inspiriert hat. Zum Beten kannst du einen Abschnitt daraus lesen und dir einen Satz einprägen.
Bete auch mit deinen Freunden und Geschwistern. So teilt ihr die Worte eurer Gebete. Wenn viele Stimmen gleichzeitig beten, ist das so schön!

Schweigen oder Tanz

Dein Gebet kann auch im Stillen stattfinden. Wie bei einem Freund brauchst du nicht viel zu reden, euer Zusammensein genügt euch vollkommen. Wenn du die Stille suchst, können dir einige »Tricks« helfen: eine Kerze, Musik, ein schönes Bild.
Aber das Gebet muss nicht unbedingt still sein. Spiel Flöte, male etwas, während du einen schönen Text hörst, spiele mit anderen eine Geschichte nach. Gott liebt auch Bewegung und herzliches Lachen.

Glaubt man an Jesus Christus oder an Gott?

»Großvater, ich verstehe das nicht ganz. Die Juden glauben an Gott, die Moslems auch. Und wir Christen, glauben wir an Gott oder an Jesus?«

»An beide, mein Kleiner! Jesus hat Gott aus tiefstem Herzen vertraut. Mit den Juden, dem Volk von Jesus, glauben wir an einen einzigen Gott, den wir wie Jesus Vater nennen.

Aber als Jesus Menschen heilte, als er ihnen ihre Sünden vergeben hat oder von Gott sprach, hat er uns gezeigt, dass er vollkommen eins ist mit diesem Vater. Deshalb glauben wir auch an ihn, an Jesus, den Gottessohn. Er ist Gott mit Gott, Gott wie Gott, seit Anbeginn der Zeit. Übrigens hat Jesus uns selbst gesagt: ›Ihr glaubt an Gott, glaubt auch an mich.‹«

»Also gibt es zwei Götter?«

»Natürlich nicht! Wenn wir im Gottesdienst das *Große Glaubensbekenntnis* sprechen, sagen wir: Jesus ist *Gott von Gott,* dem Vater, er ist *Licht vom Licht.* Das ist vergleichbar mit einer Flamme, die aus einer anderen Flamme entsteht – es ist immer dasselbe Feuer, dasselbe Licht. Es sind schon zwei Personen, zwei *Jemande,* der Vater und der Sohn, aber nur ein einziger Gott. ›Ich und der Vater sind eins‹, spricht Jesus. Und er hat uns gelehrt, dass es noch eine dritte Person gibt: den Heiligen Geist. Auch er ist Gott. Er haucht uns Gottes Leben ein. Wir sagen *Herr* zu ihm und wir beten ihn genauso an wie den Vater und den Sohn.«

An den *Vater, den Sohn und den Heiligen Geist* zu glauben, bedeutet allerdings nicht, dass man die Wahl zwischen dem einen oder dem anderen hat. Es ist ein und dasselbe Licht, ein und derselbe Glaube. Das bezeichnen wir als die Dreifaltigkeit.

Warum sagen wir zu Gott auch: unser Vater?

Es ist Abend. Du bist in deinem Zimmer und hast gerade das Licht ausgemacht. Jetzt ist alles ganz still. Du hast das Bedürfnis, zu sprechen, jemandem deinen Tag anzuvertrauen. Du möchtest, dass dir jemand einfach zuhört, so, wie die Menschen es manchmal tun, die dich lieb haben.

Deshalb murmelst du die ersten Worte des großen Gebets der Christenheit: »Vater unser im Himmel ...«

Diese Worte hat Jesus selbst so gesprochen. Er nannte Gott »Abba«, was übersetzt »Papa« heißt. Jesus hat uns gezeigt, wie sehr Gott ihn als seinen Sohn lieben konnte.

Seit zweitausend Jahren beginnen alle Christen ihr Gebet mit denselben Worten. Sie drücken damit aus, dass sie zusammen mit allen Menschen der Erde Gottes Kinder sind.

Der Heilige Geist – was ist das?

Sag mir, wer du bist,
denn ich weiß, Jesus hat es uns gesagt,
dass du nicht etwas bist, sondern jemand.

Wenn ich die ersten Seiten der Bibel lese,
begegnest du mir dir bereits
als die Kraft Gottes und sein Licht.
Du sprichst durch die Propheten und du krönst die Könige.

»Der Geist Gottes komme über mich.«
Jesaja hat das gesagt. Es traf voll auf Jesus zu,
und ich, ich kann es seit meiner Taufe auch singen.

Jesus hat es uns versprochen.
An Pfingsten bist du über seine ersten Apostel gekommen.
Wie ein Hauch, der sie in alle Welt geschickt hat.
Wie ein Feuer im Herzen, damit sie bis zum Ende lieben sollten.

Heute möchte ich dich besser kennen und mehr zu dir beten.
Ich möchte Jesus besser kennen und Gott, seinen und unseren Vater.
Denn mich dürstet nach dir.
Komm über mich, komm über uns, Heiliger Geist!

Ist Gott drei Personen?

Die Christen werden »im Namen des Vaters, des Sohnes und des Heiligen Geistes« getauft. Wir glauben an den Vater, den Sohn und den Heiligen Geist. Also gibt es durchaus drei verschiedene Personen.

Gott aber ist nicht drei Personen. Gott ist der Schöpfer der Welt, der Vater von Jesus. Und Jesus hält sich nicht für Gott, den Vater. Er sagt zu uns: »Der Vater, der mich geschickt hat ... Ich gehe zum Vater ... Ich werde den Vater bitten.« Jesus hält sich auch nicht für den Heiligen Geist. Er spricht über ihn wie von jemand anderem.

Und doch sind alle drei so verbunden in der Liebe, dass sie vollkommen eins sind. Der Sohn und der Geist sind so sehr eins mit Gott, dem Vater, dass man von jedem auch sagen kann: Er ist Gott wie Gott.

Wenn man sich wirklich liebt, möchte man nur noch eins sein: der Mann mit seiner Frau, die Mama mit ihrem Kind. Zugleich bleibt man aber auch gern verschieden, damit man einander bewundern kann. Auf Gott trifft dies noch mehr zu: Der Vater, der Sohn und der Heilige Geist sind sowohl wahrhaft verschieden als auch vollkommen eins. Dieses Einssein der drei fassen wir in dem Begriff »Dreieinigkeit« zusammen.

Warum hat Gott seinen Sohn auf die Erde geschickt, statt selber zu kommen?

Wenn ein Vater seinen Sohn wegschickt, damit er einen schwierigen und gefährlichen Auftrag erledigt, wartet er besorgt auf dessen Rückkehr. Er stellt sich vor, was ihm alles zustoßen könnte, und er steht ihm in Gedanken bei. Das ist vielleicht noch schwerer für ihn, als wenn er persönlich dabei wäre. Die Leute um ihn herum sagen: »Er leidet darunter!«

Jesus und Gott, sein Vater, sind sich noch näher, sie sind noch vereinter. »Wer mich ansieht«, sagt Jesus, »der sieht den Vater: Ich und der Vater sind eins.« Wenn Jesus zu uns kommt, begibt sich daher auch der Vater in Gefahr und liefert sich aus.

Vor Jesus, seinem Sohn, hatte Gott schon über die Propheten viele Botschafter zu den Menschen geschickt. Viele von ihnen wurden misshandelt, wie Jeremia, manche sogar getötet, wie Jesaja oder Johannes der Täufer. Und vielleicht hat Gott sich gesagt: »Die Menschen haben noch nicht begriffen, wie viel sie mir bedeuten; wenn ich ihnen meinen Sohn schicke, das Liebste, was ich habe, werden sie vielleicht verstehen, dass ich sie trotz all ihrer Ablehnung niemals im Stich lassen werde.«

Wie reagiert Gott angesichts von Wissenschaft und Fortschritt?

Vor Jahrtausenden haben unsere Vorfahren den Gebrauch des Feuers entdeckt, wodurch es für sie beispielsweise möglich wurde, Nahrungsmittel zu kochen. Es wurde ständig bewacht, denn man hatte noch nicht viel Erfahrung damit. Uns mag das primitiv vorkommen und dennoch war es eine ungeheure Entdeckung.

Denn seit dem Beginn unserer Geschichte sind wir Menschen neugierig. Wir wollten immer schon wissen, wie die Welt funktioniert, und Erklärungen finden für das, was uns sonderbar erscheint. Ein Fortschritt zieht den anderen nach sich. Und das Feuer, das früher so schwer zu hüten war, flammt heute mit einem Streichholz im Nu auf.

Die wissenschaftlichen Entdeckungen haben den Menschen das Leben leichter gemacht und ein umfassenderes Verständnis für die Welt, die Schöpfung Gottes, eröffnet. Da fragt man sich doch, was Gott gegen die Wissenschaft haben könnte …

Die gleichen wissenschaftlichen Fortschritte zeigen uns auch, dass das göttliche Geheimnis unangetastet bleibt. Man kann sehr weit in der Geschichte von der Erschaffung der Welt zurückgehen und gelangt doch nicht annähernd zu ihrem Ursprung.

Die Bibel sagt: Gott hat uns die Erde anvertraut, seine Schöpfung, damit wir sie schöner machen und gedeihen lassen. Und er hat nicht aufgehört, die Menschen vor dem zu warnen, was sie zerstören könnte.

Wenn der Mensch Wälder vernichtet wie in Amazonien, so ist das beängstigend. Und wenn man die Arbeit mancher Wissenschaftler betrachtet, denen es zum Beispiel gelang, zwei haargenau gleiche Schafe zu züchten, dann werden sie vielleicht eines Tages versuchen, das Gleiche mit Menschen zu machen. Das ist erschreckend.

All das macht Angst und kann Gott nicht gefallen. Es liegt an uns, den Menschen, wachsam zu bleiben und aufzupassen, dass die Fortschritte in der Wissenschaft bestmöglich genutzt werden. Denn alle Kenntnisse, die das Leben der Menschen verbessern, setzen Gottes Werk, seine Schöpfung, fort. Genau das wünscht sich Gott.

Ist Gott
glücklich?

Guten Abend, meine Damen und Herren. In unserer Sendung »Die kleine Fragestunde« möchte eine Zuschauerin gerne wissen: »Ist Gott glücklich?« Wir haben versucht, diese Frage zu beantworten und Gott hierzu zu interviewen, liebe Zuschauer. Leider ist es uns trotz intensiver Bemühungen nicht gelungen, ihn zu erreichen. Dabei haben wir uns beim Papst nach seiner Adresse erkundigt, Fachleute gefragt und im Internet geforscht. Nichts. Keine Adresse. Ohne festen Wohnsitz. Nun, liebe Zuschauer, Gott ist nicht wie Sie und ich.

Ob er weint? In Lachen ausbricht? Leidet er? Gott ist so anders als wir!

Ersatzweise haben wir dieselbe Frage dem Papst, Schwester Emmanuelle, aber auch dem kleinen, neunjährigen Peter von nebenan, einer Großmutter und einem Bäcker gestellt. Und stellen Sie sich vor, was sie uns verraten haben: Sie sind glücklich, weil Gott ihnen nahe ist und Licht in ihr Leben bringt.

Nun möchten wir Ihnen, liebe Zuschauer, eine Frage stellen: Könnte es nicht sein, dass Gott selbst die Quelle des Glücks ist?

Stimmt es, dass der Teufel der Feind Gottes ist?

In der Bibel soll »Teufel« so viel bedeuten wie »der, der trennt«. Man nennt ihn auch Satan, Belzebub oder den Bösen. Er stiftet Chaos, verleitet uns zur Sünde und entfremdet uns von Gott, denn er ist sein Feind.

Es ist wie ein Kampf in unserem Inneren zwischen dem, was wir tun wollen, und dem, was wir tun sollten.

Sein ganzes Leben lang hat Jesus gegen das Böse gekämpft. Aber Jesus hatte auch die Kraft seines Vaters, seine Liebe, die so viel stärker ist als das Böse. Am Kreuz scheint Jesus alles verloren zu haben. Wird er für immer sterben, er, der Sohn Gottes?

Nein! Am dritten Tag nach seinem Tod kehrt er für alle Zeiten ins Leben zurück. Er hat über das Böse gesiegt!

Wie Jesus müssen auch wir uns gegen das Böse wehren und mit ihm werden wir siegen. Gott hört uns zu, wenn wir ihm von unseren Ängsten erzählen und ihm unsere Fragen stellen.

Wie im Vaterunser bitten wir ihn: »Führe uns nicht in Versuchung, sondern erlöse uns von dem Bösen.«

Ist Gott wirklich gut?

Die Liste ist sehr lang: Kriege, Hungersnöte, Streitereien und tödliche Krankheiten, Katastrophen, Unfälle und viel anderes Unglück setzen unserer armen Erde schwer zu. Da möchtest du manchmal am liebsten losschreien oder weinen! Und du fragst dich, wie man da von Gott als dem lieben Gott sprechen kann ...

Oft glauben wir, dass Gott uns dieses Leid ersparen würde, wenn er ein guter Gott wäre. Er würde uns vor allem Freude machen und unser Leben so ordnen, dass wir nicht darüber nachdenken müssten. Kurz, er wäre wie ein Zauberer zu unseren Diensten, so etwas wie ein Superpapa. In diesem Punkt enttäuscht uns Gott, so viel steht fest.

Trotzdem ist Gott gut, allerdings auf eine Weise, die man nicht immer so leicht versteht. Die Christen glauben fest daran. Sie sind nicht naiver als die anderen, sie sehen das Unglück sehr wohl. Sie glauben lediglich, dass es sich lohnt, auf Gott zu vertrauen, gerade dann, wenn das Leben grausam ist.

Überall in der Bibel sagt uns Gott, dass er uns liebt. Er erschafft uns, um uns zu lieben. Er hat uns seinen Sohn Jesus geschickt, um uns das mitzuteilen. Jesus hat uns beigestanden, um das Böse zu ertragen. Er steht uns auch bei, um gegen es zu kämpfen. Denn er hat uns gelehrt, welches Mittel als einziges zum Ziel führt: Liebe deinen Nächsten. Gott zählt auf uns. Auf diese Art will er das Böse bekämpfen. Seien wir gut zu unseren Nächsten, wie Jesus es von uns fordert. Dann werden wir erkennen, dass Gott gut ist, und können es auch den anderen Menschen erklären.

Was muss man tun, um Gott zu lieben?

Eines Tages stellt sich Nicolas im Gebet diese Frage: Was muss ich tun, um Gott zu lieben, obwohl ich ihn nicht mal sehen kann? Nicht einfach!

Vielleicht ist es aber gar nicht so schwierig. Es erfordert nichts Besonderes. In diesem Augenblick zum Beispiel bin ich sicher, dass er mich hört, ich höre ihn, wir reden miteinander. Das ist es: ein Gebet. Beten, das ist eine Form der Liebe.

Und Nicolas erinnert sich daran, was er im Religionsunterricht gehört hat, in einem Brief, den Johannes an die ersten Christen geschrieben hat: »Wenn einer sagt ›Ich liebe Gott‹ und er hasst seinen Bruder, so ist er ein Lügner. Wahrlich, derjenige, der seinen Bruder nicht liebt, den er sieht, kann Gott nicht lieben, den er nicht sieht.«

Darum denkt sich Nicolas: Wenn ich die anderen liebe, liebe ich Gott. Ich glaube, letztlich habe ich dich oft geliebt, ohne es zu wissen, dich, mein Gott.

Kapitel 7

Glauben, welch ein Abenteuer!

Wozu nützt
der Glaube an Gott?

Eine komische Frage!

Ich finde, man kann nicht sagen, dass der Glaube zu etwas »nützt«. Er ist nicht vergleichbar mit einem Auto, das als Fortbewegungsmittel dient, oder mit der Schule, wo man etwas lernt. Wenn ich an Gott glaube, dann nicht, weil es praktisch oder nützlich ist. Das ist so, als würdest du fragen, was ich davon habe, zu lieben und geliebt zu werden. Lieben dient überhaupt keinem Zweck, aber es verändert mein Leben.

Mit dem Glauben an Gott verhält es sich ganz ähnlich. Auf den ersten Blick könnte ich sogar darauf verzichten und trotzdem ändert er alles für mich. Ich behaupte nicht, dass er wie ein Zaubertrank wirkt, der alles in Ordnung bringt! Mein Glaube an Gott macht mich weder schlauer noch stärker als die anderen. Aber ich sehe aufgrund meines Glaubens die Dinge aus einem anderen Blickwinkel. Mein Leben hat einen Sinn. Ich glaube, dass Gott mir das Leben geschenkt hat, und ich möchte daraus etwas Gutes machen, um ihm zu danken. Ich glaube, dass Gott mich liebt, und ich möchte meine Mitmenschen mit ihm lieben. Ich glaube, dass Gott mir Zeichen schickt, und es macht mir Freude, sie zu entdecken.

Alles in allem macht mich der Glaube an Gott lebendig, mindestens so sehr wie Sauerstoff!

Warum gibt es Menschen, die nicht an Gott glauben?

Auf der Welt gibt es sehr viele Leute, die nicht an Gott glauben. Wenn man ihnen von Gott erzählt, winken sie ab: »Das ist unmöglich. Würde Gott existieren, dann gäbe es weder all das Böse noch all die Ungerechtigkeiten und so viel Hass. Wenn es wirklich einen Gott gäbe, würde er nicht den Tod unschuldiger Kinder zulassen...«

Andere behaupten, das Universum sei so eine Art Supercomputer. Sobald wir den Geheimcode gefunden haben, wird der Mensch Gott nicht mehr brauchen, um die Welt zu erklären. Wieder andere sind Tag für Tag, in jeder Minute, so beschäftigt, dass sie das Leben wie ein großes Monopolyspiel sehen. Hastig ziehen sie von einem Feld zum nächsten und denken: »Gott, der interessiert mich nicht, was hat der schon für einen Sinn?«

Viele haben aber auch noch nie von Gott gehört. Der Funke in ihren Herzen ist so klein geblieben, dass sie ihn nicht entdecken können.

Schließlich gibt es noch die Personen, die sagen, dass Gott nicht existiert oder sogar ein Feind ist, den man bekämpfen muss. Sie leugnen die Botschaft der Bibel und verfolgen die, die an sie glauben.

Es gibt also zahlreiche Gründe, warum man nicht an Gott glaubt. Der Wunsch zu glauben kommt nicht von allein. Manchmal entdeckt man ihn ganz langsam, verschüttet unter Tonnen von anderen Beschäftigungen. Und dann gibt es ja noch so viele falsche Darstellungen von Gott! Wer will denn schon einen bösen, rachsüchtigen Gott, der den Menschen keine Freiheit lässt und schon im Voraus alles für sie entscheidet? Mit dem Gott, an den die Christen glauben, hat das nichts zu tun.

Warum hat nicht jeder dieselbe Religion?

Louisa ist Christin. Samuel aus ihrer Klasse ist Jude und Youssouf ist Moslem. Die Eltern von Samuel und Youssouf glauben an Gott und haben beschlossen, ihren Kindern das mitzugeben, was sie von Gott wissen. Als Louisa noch ein Baby war, haben ihre Eltern entschieden, dass sie getauft werden soll. Heute geht Louisa mit anderen christlichen Kindern zum Religionsunterricht.

Manchmal fragt sie ihre Eltern, warum sie Christin ist, während Samuel und Youssouf, mit denen sie so viele Dinge gemeinsam hat, keine Christen sind. Nicht alle Menschen haben die gleiche Religion. Jeder wird zufällig in einem Land oder einer Familie mit einer langen Geschichte geboren. Manche Völker haben Begegnungen mit so außergewöhnlichen Menschen wie Mose oder Mohammed gehabt. Das hat ihre Art des Betens und des Zusammenlebens mit Gott grundlegend geändert. Youssouf und Samuel sind Nachkommen dieser Völker. Sie glauben nicht an Jesus Christus. Aber was sie leben, ist Gott wichtig.

Vielleicht wird Louisa ihnen eines Tages, wenn sie gemeinsam darüber reden, von ihrem Glauben an Jesus erzählen. Wenn sie älter sind, müssen Louisa, Samuel und Youssouf entscheiden, wie sie ihr Leben mit Gott künftig gestalten wollen. Und jeder muss lernen, die Wahl der anderen zu respektieren.

Warum gibt es Religionskriege?

Die Geschichte der Menschheit ist lang. Sie ist geprägt von großartigen Entdeckungen wie dem Feuer, dem Rad oder der Schrift, aber auch von so furchtbaren Erfindungen wie dem Krieg.

Seit die Menschen ihre nomadische Lebensweise aufgegeben haben und sesshaft wurden, um Ackerbau und Viehzucht zu betreiben, haben sie sich um die Aufteilung der Ländereien gestritten. Und dann stritten sie sich darum, wer in diesen Gebieten regieren sollte. Und dann haben sie sich aus dem einen oder anderen Grund bekriegt, meistens aus Geld-

gier und Machtstreben, manchmal aber auch im Namen ihrer Religion. Auch heute noch töten Menschen ihre Nachbarn und Landsleute und behaupten, dass dies im Namen ihrer Religion geschieht.

Doch die wahre Ursache für all diese Konflikte und Kriege ist der Wille, anderen sein Gesetz mit Gewalt aufzuzwingen. Einige Menschen wie Jesus in Palästina, Gandhi in Indien oder Martin Luther King in den Vereinigten Staaten haben uns aber gezeigt, dass es möglich ist, sich auch ohne Waffengewalt zu verständigen.

Kann man an Gott glauben, ohne getauft zu sein?

Ludwig hat einen moslemischen Freund. Er heißt Amal. Und Amal glaubt an Gott, obwohl er nicht getauft ist. Denn seine Religion ist der Islam. Die Taufe gibt es nur bei den Christen! Ludwig hat auch einen Onkel, Patrick, der ebenfalls nicht getauft ist. Er gehört keiner Religion an. Trotzdem hat Patrick, als Ludwig gefragt hat: »Glaubst du an Gott?«, ihm geantwortet: »Ja, mein kleiner Ludo. Man kann gläubig sein, ohne zur Kirche oder in die Moschee zu gehen!«

Ludwig versteht das nicht. Ihm hat man erklärt, dass man durch die Taufe in die Familie der Gläubigen aufgenommen wird.

Glauben also Amal und Patrick überhaupt richtig? Oder ist es vielleicht nicht derselbe Gott?

Ja, doch, man kann an Gott glauben, ohne getauft zu sein. So ist das bei Amal und Patrick. Aber ihr Glaube ist deshalb nicht unbedingt schwächer. Wenn man wie Ludwig Christ ist, glaubt man nicht nur einfach an Gott, sondern bekennt, dass Jesus sein Sohn ist und Gott ihn zu uns geschickt hat, damit wir ihn kennen lernen. Durch die christliche Taufe treten wir ein in Gottes Leben. Wir sind auf einzigartige Weise durch seinen Sohn mit ihm verbunden.

Ich bin gläubig, aber ich glaube nicht ans Paradies. Warum?

Dir fällt es schwer, an das Paradies zu glauben und an die Bilder, die dir im Kopf herumgehen. Du sagst dir, dass es das Paradies, so, wie du es dir vorstellst, unmöglich für immer geben kann. Vom Paradies hat jeder Mensch seinen eigenen Traum. Jeder versucht, darin all das zu vereinigen, was im Leben glücklich macht: Eltern, die sich ganz arg lieb haben, ein toller Nachmittag mit Spielen ohne Ende am Strand, tolle Geschichten ... Auch die Bibel steckt voller Bilder, die uns das von Gott verheißene Leben spüren lassen wollen: eine sprudelnde Quelle mit klarem, frischem Wasser mitten in der Wüste, ein Festmahl oder eine Feier.

Wir können davon träumen, dass wir eines Tages alle gemeinsam mit Gott leben, getragen von dem grenzenlosen Glück, dass wir uns lebendig und geliebt wissen. Das ist die christliche Vorstellung vom Paradies: ein großartiges Wiedersehen mit Gott und allen, die wir geliebt haben. Manchmal finden wir auch in dem Augenblick, den wir gerade leben, eine kleine Ahnung vom Paradies. Und dann wünscht man sich, dass er ewig dauert.

Ist die Bibel eine wahre Geschichte?

Die Bibel ist kein Buch von einem Historiker, der alle Ereignisse seit der Erschaffung der Welt der Reihenfolge nach erzählen wollte.

Dieser dicke Band enthält dreiundsiebzig Bücher, eine richtige Bibliothek. Der erste Teil ist die offizielle Bibliothek der Juden und enthält ihre ältesten Schriften. Mit dem zweiten Teil, dem Neuen Testament, haben die Christen später ihre eigenen Schriften hinzugefügt.

In diesen Büchern findet man historische Berichte wie die Krönung des Königs David, aber auch Gedichte wie das Hohelied oder das Epos von den sieben Schöpfungstagen. Sie enthalten auch Gebete wie die Psalmen oder Ratschläge wie in dem Buch der Sprüche oder manchen Brief des Apostel Paulus. Sogar Gesetzessammlungen sind darin enthalten.

Sicher erzählen all diese Texte wahre Begebenheiten, die für uns wichtig sind, um Gott zu kennen und um die Menschen zu verstehen. Nicht nur, weil ihre Verfasser keine Lügner sind, sondern weil Gott sie bei ihrer Arbeit unterstützt und erleuchtet hat. Sie waren vom Heiligen Geist beseelt.

Enthalten also jene Texte, die über Ereignisse berichten, wahre Geschichten? Und sind diese Dinge wirklich so passiert?

Man darf sich die Verfasser der Bibel nicht als Historiker von heute vorstellen, die langwierige Recherchen durchführen und alle Details überprüfen. Wenn die Evangelisten beispielsweise vom Prozess gegen Jesus berichten, kann es schon sein, dass sie Einzelheiten vereinfacht oder leicht geändert haben, damit wir das Wichtigste besser verstehen.

Denn was sie über den Ablauf der Ereignisse hinaus interessiert, ist zu zeigen, dass Gott uns niemals im Stich lässt, was auch kommen mag. Ob nun in der Geschichte Israels oder in der Geschichte von Jesus – Gott greift stets ein, um sein Volk zu retten.

Und das ist durchaus eine wahre Geschichte, die noch immer weitergeht.

Sind Gleichnisse wahre Geschichten oder hat Jesus sie erfunden?

Wie alle Einwohner Palästinas zu jener Zeit ist Jesus ein leidenschaftlicher Redner. Besonders gern erzählt er ganz einfache Geschichten. Diese Gleichnisse erfindet er für die Menschen, denen er begegnet.

Selbst wenn diese Geschichten nicht wirklich so passiert sind, erzählen sie uns trotzdem wahre Dinge über Gott. Es ist nicht leicht, von Gott zu erzählen, der so anders ist als wir! Jesus wählt dazu Bilder, die alle verstehen. Darin kann sich jeder ein Stück weit wiederfinden.

Nimm mal zum Beispiel die Geschichte vom Senfkorn. Jesus erzählt, das Reich Gottes sei wie ein Senfkorn, der kleinste aller Samen, die der Mensch sät. Nachdem es gekeimt hat, reift es zu einem riesigen Strauch heran, dem größten von allen, und die Vögel kommen, um sich dort niederzulassen. Unfassbar! Mit diesem Gleichnis macht Jesus den Menschen Gottes Liebe etwas begreiflicher: eine Liebe, die praktisch aus dem Nichts heraus etwas wachsen lässt.

Jesus bringt die Leute zum Nachdenken. Seine Gleichnisse sind oftmals erfundene Geschichten, die uns helfen, neue, unglaubliche und wahre Dinge zu verstehen.

Vollbringt Jesus auch heute noch Wunder?

Zu seiner Zeit wanderte Jesus durch ganz Galiläa, lehrte in den Synagogen, verkündete das Reich Gottes und heilte Krankheiten und Gebrechen im Volk. Doch vollbringt Jesus auch heute noch Wunder?

Das lateinische Wort für Wunder *(miraculum)* leitet sich von *mirari* her. Es bezeichnet das, was man bestaunt, bewundert. Für viele Menschen ist ein Wunder etwas Unmögliches, das trotzdem geschieht. Der heilige Johannes spricht dagegen lieber von »Zeichen«.

Die unvorstellbaren Dinge, die Jesus im Namen Gottes getan hat, sind erstaunliche Zeichen. Er heilte Kranke, machte Tote wieder lebendig und brachte die, die sich von Gott abgewandt hatten, wieder näher zu ihm.

Noch heute empfangen manche seine Botschaft und sind plötzlich nicht mehr taub für die Liebe; andere, die unsicher durchs Leben gegangen sind, gehen nun wieder sicher auf eigenen Füßen. Wieder andere werden körperlich gesund, ohne dass dies medizinisch erklärbar wäre. Vielleicht sind das die Zeichen, die Jesus heute gibt.

Gibt es Erscheinungen
der Jungfrau Maria?

Das abgelegene Dörfchen Lourdes in den Pyrenäen kannte 1858 noch niemand. Bis zu dem Tag, an dem eine junge Schafhirtin von vierzehn Jahren hier die Jungfrau Maria erblickt hat. Sie erscheint Bernadette Soubirous gleich neunzehnmal. Sofort eilen die Leute herbei, aber sie sehen nichts. Manche halten Bernadette für verrückt oder denken, dass sie damit Geld verdienen will. Doch viele Menschen glauben ihr. Inzwischen ist Bernadette von der Kirche heilig gesprochen und Lourdes als Wallfahrtsort anerkannt worden.

Bei solchen Ereignissen hält sich die Kirche immer äußerst bedeckt. Schließlich soll nicht jeder etwas rätselhafte Vorfall zu einem Wunder aufgebauscht werden! Eine lange Untersuchung wird durchgeführt, um Lügen oder Halluzinationen von echten spirituellen Erfahrungen zu trennen.

Manche Orte wie Lourdes sind berühmt geworden. Millionen Menschen finden hier Trost und schöpfen Mut, manche Kranke erfahren Heilung. Es sind ganz besondere Stätten, an denen die Gläubigen, die mitunter von sehr weit her kommen, sich versammeln, um gemeinsam mit anderen zu beten.

Was soll ich sagen, wenn man mich auslacht, weil ich an Gott glaube?

Liebe Friederike,

als ich zehn Jahre alt war, hat unsere Lehrerin uns die Aufgabe gegeben, ein Porträt über irgendeine Person zu schreiben. Ich habe Jesus gewählt. Und die ganze Klasse hat sich darüber lustig gemacht.

Zwanzig Jahre sind inzwischen vergangen. Ich bin erwachsen, habe viele Menschen kennen gelernt und nachgedacht. Jetzt weiß ich, dass mein Glaube an Gott ein Teil von mir, von meinem Leben ist. So wie meine grünen Augen oder meine Launen. Ohne diesen Glauben wäre ich nicht wirklich ich. Ohne Jesus wäre ich ein Stück weit verloren. Er ist wie ein Freund, dem ich voll vertraue und dem ich nachzufolgen versuche.

Natürlich ist es nicht leicht, laut und deutlich herauszurufen, woran ich glaube. Oft sage ich, dass ich ganz einfach nicht anders kann, als an Gott zu glauben. Ich spreche darüber, welche Kraft er mir gibt, aber auch über die Fragen, die ich mir stelle. Ich bemühe mich, wie eine Gläubige zu leben. Wenn mich meine Schulkameraden wiedersehen würden, würden sie erstaunt feststellen, dass ich ihre Spötteleien zwar nicht vergessen habe, dass ich sie ihnen aber verziehen habe.

Ich umarme dich ganz fest.

Deine Patentante Annie

Warum sagt man: Seinen Nächsten zu lieben heißt, Gott zu lieben?

Es gibt Tage, da fühlt man sich froh, leicht wie der Wind und voller Liebe. Da könnte man glatt die ganze Welt umarmen! Und es gibt Tage, an denen fühlt man sich schwer, verdrossen und abweisend wie der eisige Wind. An solchen Tagen fällt die Liebe schwer. Man kann nicht immerzu alle Menschen lieben; es ist nicht einfach, die zu lieben, die uns nicht lieben.

Jesus hat uns gelehrt, dass wir auch unsere Feinde lieben sollen, denn Gott liebt jeden Einzelnen von uns. Er zögerte nicht, sogar die Menschen zu lieben, die ihn getötet haben, und er bat Gott darum, seinen Mördern zu vergeben ... Diese Liebe ist schon etwas verrückt. Fast könnte man meinen, Gott wäre verrückt vor Liebe!

Auch wenn dies merkwürdig erscheinen mag: Gott zu lieben heißt für einen Christen, seine Mitmenschen mit aller Kraft zu lieben. Die Heiligen haben das verstanden, zum Beispiel der heilige Vincenz von Paul, der sein Leben in den Dienst der Ärmsten stellte, oder der heilige Martin, der trotz grimmiger Kälte seinen Mantel mit einem Bettler teilte. Vielleicht haben sie das getan, weil die Liebe das schönste Geschenk Gottes ist; ein Geschenk, das man anderen Menschen an jedem Tag seines Lebens machen kann.

Kann man Horoskopen glauben?

Seit der Mensch den Himmel beobachtet, hegt er den Glauben, der nicht auf wissenschaftlichen Tatsachen beruht, dass es zwischen den himmlischen Dingen und den Menschen irgendeine Verbindung gibt.

Vor fünftausend Jahren erfanden die Babylonier die Astrologie (das Wort kommt aus dem Griechischen und bedeutet »Lehre von den Sternen«). Das ganze Jahr über verfolgten sie den Lauf der Sonne am Himmel. Sie notierten die Stellung der Planeten, das Erscheinen von Kometen und alles, was des Nachts über ihren Köpfen passierte. Gleichzeitig schrieben sie auf, was in der Welt geschah: Erdbeben, Überschwemmungen, Vulkanausbrüche, aber auch die großen Ereignisse der Menschheitsgeschichte. Für jeden Tag wurden Berechnungen angestellt und Himmelskarten gezeichnet. Das Horoskop war geboren: Jetzt konnte jeder anhand der Sternenpositionen am Tag seiner Geburt sein Schicksal und seine Zukunft erfahren. Daher war die Astrologie für die Babylonier ein Geschenk der Götter, um ihnen zu helfen, ihr Leben zu verbessern. Heute glaubt noch die Hälfte der Menschheit an den Einfluss der Sterne auf unser Leben. Aber nur Gott allein kennt die Zukunft, über die uns das Horoskop nichts verraten kann.

Der heilige Thomas von Aquin sagte: »Der Weise beherrscht seine Sterne, der Unwissende wird von ihnen beherrscht.«

Es genügt, mit dem, was du bist und was du bei deiner Geburt mitbekommen hast, zu entscheiden, was du werden möchtest. Und du kannst dich zur Gestaltung deines Lebens auch an dem bereichern, was die anderen sind. Hierzu braucht man kein Horoskop!

Warum gibt es gläubige Menschen, die Krieg führen?

Ich habe ein Buch gelesen, das im Zweiten Weltkrieg spielt. Der Held heißt Viktor. Wie ich! Bei Kriegsbeginn ist er neun Jahre alt. Wie ich! Viktor geht in den Kindergottesdienst und mag den Lehrer, der ihnen Religionsunterricht gibt, weil er ein Motorrad hat.

Aber als der Krieg ausbricht, ist der Lehrer eines Tages verschwunden. Wohin? Er war zu den Soldaten eingezogen worden, um zu kämpfen. Das begreife ich nicht. Es sagt sich leicht, dass man gläubig ist. »Liebt einander, so, wie ich euch geliebt habe«, das ganze Trallala … Und zack! – sobald man nicht einer Meinung ist, schießt man aufeinander.

Ich habe meinen Opa gefragt und er hat es mir erklärt. Denn auch er musste in den Krieg von 1939–45. Er hat gesagt, dass die Gewalt nie ganz aus der Welt verschwinden wird. Und er glaubt an Gott. Als man ihn zum Kriegsdienst rief, stellte er sich die gleiche Frage wie ich.

Aber er hatte keine andere Wahl. Natürlich war ihm das Herz schwer. Natürlich denkt er immer wieder an den Soldaten, den er vor seinen Augen sterben sah. Aber gehasst hat er den Feind nie auch nur eine Sekunde lang. Er hat sich gewünscht, dass bald wieder Frieden ist.

Er hat mir auch erklärt, dass die Menschen zu viel gelitten haben. Deshalb bemühen sie sich heute gemeinsam um Lösungen. So haben sich etwa die Länder zusammengeschlossen, um Friedenstruppen zu bilden. Mit Hilfe der UNO schützen diese Soldaten die Bevölkerung und kämpfen in den Ländern für Frieden, in denen Krieg herrscht.

Jetzt verstehe ich das besser. Aber wenn ich in die Augen meines Großvaters schaue, während er mir vom Krieg erzählt, wünsche ich mir ganz stark, dass es nie wieder Krieg gibt.

Kapitel 8

Die Wahl der Christen

Wie kommt es, dass wir nach 2000 Jahren immer noch Christen sind?

Dies ist zunächst die Geschichte eines Mannes, der sehr bald in Vergessenheit hätte geraten können. Damals gab es weder Zeitungen noch Fernsehen. Er lebte in einem kleinen, von Feinden besetzten Land. Er war nicht reich. Und er ist jung gestorben, hingerichtet wie ein unwürdiger Sklave.

Dieser Mann, das ist Jesus Christus. Zweitausend Jahre danach trägt ein Drittel der Weltbevölkerung seinen Namen: die Christen. Aber wie ist das möglich?

Nun, das kam so. Dieser Mann hat etwas Unvorstellbares erlebt: Durch seine Auferstehung ist er für immer dem Tod entronnen. Da haben seine Freunde erkannt, dass er der Sohn Gottes ist. Ihm ist es zu verdanken, dass der Tod nicht mehr das letzte Wort hat.

Die Apostel haben diese wundervolle Nachricht über die ganze Erde verbreitet. Viele kamen dabei ums Leben und wurden zu Märtyrern.

Dank ihrer Zeugenberichte haben andere Menschen erkannt, dass es sich lohnt, an Jesus Christus zu glauben.

Beseelt vom Heiligen Geist, haben die Gläubigen sich über die Jahrhunderte hinweg diesen Glauben wie einen Schatz bewahrt und weitergegeben, selbst wenn das nicht leicht war. So gelangte der Glaube zu deinen Eltern, deinen Religionslehrern oder deinen Freunden und schließlich auch zu dir. Dank dieser langen Menschenkette hast du die Möglichkeit, dich zu entscheiden, Christ zu sein. Und sie wird trotz aller Hindernisse nicht abreißen!

Warum wollte Jesus Jünger um sich haben?

Wenn zu Zeiten von Jesus ein Schüler ganz allein die Thora (die ersten fünf Bücher der Bibel) auslegen und besprechen konnte, ernannte ihn sein Meister zum Rabbi oder seinerseits zum Meister. Doch bevor er unterrichten durfte, war er manchmal Schüler eines Weisen. Er entschied sich, ihm zu folgen. Nach seinem Beispiel verteilte er das in der Synagoge gesammelte Geld an die Ärmsten. Er half einer Witwe, sich um ihr Vieh zu kümmern, oder pflegte die Kranken. Der Weise rief seine Jünger zusammen, um ihnen die Bibel zu erklären. Sie beteten und aßen zusammen und legten ihr Geld in eine gemeinsame Kasse.

Diejenigen, die Jesus nachgefolgt sind, haben mit diesen Jüngern aber nicht viel gemeinsam. Erstens hat Jesus sie persönlich auserwählt und nicht umgekehrt: Simon, Andreas, Jakobus und Johannes waren die Ersten. Sie sind weder Schüler noch künftige Rabbiner, sondern Fischer auf dem See Genezareth. Zweitens unterweist Jesus sie nicht in der Auslegung der Thora, sondern lehrt sie, nach Gottes Willen zu leben. Außerdem befindet sich unter denen, die Jesus nachfolgen, auch eine Gruppe von Frauen. Das ist für einen Weisen jener Zeit unüblich.

Jesus verlangt dagegen von seinen Jüngern, künftig auf Wohlstand zu verzichten, auch auf Ehren, Haus und sogar die eigene Familie, um ihm nachzufolgen und wie er zu leben. Denn sie sollen das Salz der Erde sein und das Licht für die Welt, damit jeder, der sie bei ihrem Tun betrachtet, die Liebe Gottes entdeckt.

Was sie mit Jesus erlebt, gesehen und gehört hatten, gaben die Jünger anderen Jüngern mit auf den Weg, damit die Frohe Botschaft damals wie heute verbreitet wird: »Selig sind die Gewaltlosen, die reinen Herzens sind, die es nach Gerechtigkeit dürstet und die Frieden schaffen, denn ihnen gehört das Himmelreich!«

Wäre ich Christ, wenn ich in Indien geboren worden wäre?

Lieber Max,

dein ausführlicher Brief ist gut bei mir angekommen. Du fragst mich, ob du ein Christ wärst, wenn du in Indien zur Welt gekommen wärst. Warum nicht? Die Religion, an die man glaubt, ist nicht von dem Land abhängig, in dem man sich aufhält! Vielleicht weißt du, dass Bartholomäus und Thomas die ersten Apostel waren, die vor fast zweitausend Jahren das Evangelium in Indien verkündet haben.

Trotzdem ist es richtig, dass hier der größte Teil der Bevölkerung Hindus sind, die an Vishnu, Shiva und viele andere Götter glauben. Andere Inder sind Buddhisten und folgen der Lehre Buddhas, der fünf Jahrhunderte vor Jesus gelebt hat. Manche sind Moslems und achten den von Mohammed geschriebenen Koran. Doch es gibt auch Christen – zwar nur ganz wenige, aber die, die ich in Bombay kenne, nehmen Straßenkinder bei sich auf ... Du siehst, die Frohe Botschaft kann man überall leben und jeder kann sie hören, glauben und sich taufen lassen.

Max, du bist Christ, weil deine Eltern dich taufen ließen. Aber die Entscheidung, ob du christlich leben willst oder nicht, liegt bei dir. Aus deinem Brief spüre ich deutlich heraus, dass du dir darüber ernsthaft Gedanken machst.

Dein Patenonkel Oliver

Warum muss man getauft sein, um Christ zu sein?

»Vielen Dank, René, dass Sie bei Radio 2000 zu Gast sind. Sie sind 26 Jahre alt und werden in einer Woche getauft. Warum?«

»Nun, ich möchte Christ werden und dem Glauben der Kirche beitreten!«

»Seit wann bereiten Sie sich darauf vor?«

»Seit zwei Jahren, mit meinem Patenonkel. Ich wurde bereits von der christlichen Gemeinde aufgenommen und mit dem Zeichen von Christus, dem Kreuzzeichen, gesegnet.«

»Erzählen Sie uns bitte, wie die Taufe ablaufen wird.«

»Wir werden Worte aus dem Evangelium hören. Dann wird der Priester mir seine Hände auflegen, um den Heiligen Geist auf mich zu rufen. Anschließend werden wir laut beten, woran wir glauben: dass Gott unser Vater und Jesus unser Bruder ist und dass der Heilige Geist in uns ruht.«

»Sie werden sich verpflichten ...«

»Ja, aber es ist vor allem Christus, der sich für mich verpflichtet! Wenn der Priester das Taufwasser über mich gießt, werde ich in den Tod und das Leben Christi eintauchen, verstehen Sie? Er hat die Tiefen unseres Daseins und unseres Todes gesehen und ist danach in ein neues, von Gott geschenktes Leben eingetreten. Dadurch verbindet er sich mit mir: Bei Jesus sind meine Sünden vergeben und ich kehre ganz neu zurück, von Gott gerettet und geliebt.«

»Ist das für das Christsein also unverzichtbar?«

»Ja. Man kann sich Jesus immer zum Vorbild wählen, aber die Taufe vereint uns enger mit ihm: Man wird in den Kreis seiner Familie aufgenommen, bildet eine Gemeinschaft mit ihm. Man kann sich wirklich auf ihn verlassen.«

»Danke, René, für dieses Glaubenszeugnis. Was ist Ihr größter Wunsch?«

»Dass der Glaube in mir wächst, denn diese Taufe ist erst ein Anfang! Und dass ich andere davon begeistern kann. Jesus hat gesagt: ›Gehet hin zu den Menschen in aller Welt, tauft sie im Namen des Vaters und des Sohnes und des Heiligen Geistes.‹«

Was haben die Taufpaten für eine Aufgabe?

Der kleine Emil spricht mit seiner Patentante Stephanie über die Rolle, die sie bei seiner Taufe übernommen hat.

»Du bist meine Taufpatin. Nicht wie die Fee bei Aschenputtel, erinnerst du dich? Die besaß Zauberkräfte, mit denen sie alles verwandeln konnte. Was macht denn eigentlich eine Patentante?«

»Also, ich bin keine Fee! Aber das ist eigentlich noch besser, weißt du: Am Tag deiner Taufe habe ich mich verpflichtet, dich im christlichen Glauben erziehen zu helfen.«

»Ja, und meine Eltern?«

»Die Eltern sind die Ersten, deren Aufgabe es ist, ihrem Kind den Glauben vorzuleben: indem sie ihm von Jesus erzählen, ihm zeigen, wie man betet, es zum Religionsunterricht anmelden … Die Paten können sie dabei unterstützen. Sie bekennen vor dem Täufling ihren Glauben an die Gemeinschaft aller Christen.«

»Was machen sie?«

»Sie nehmen ihn auf. Du warst ja noch ein Baby. Wir haben als Zeugen laut unseren Glauben bekräftigt und dir unsere Hilfe versprochen, um Christus zu entdecken.«

»Und wenn ich groß gewesen wäre?«

»Dann hättest du es dir selbst versprochen, Christus zu folgen. Und wir hätten dir geholfen, dich darauf vorzubereiten. Selbst die Erwachsenen, die sich taufen lassen, haben einen Paten oder eine Patin!«

»Die auch Geschenke machen?«

»Das ist eine Art zu zeigen, dass man sein Patenkind liebt. Aber es ist nicht die einzige.«

»Also, du rufst mich oft an.«

»Ja. Und ich bete auch für dich.«

»So?«

»Ja. Ein Patenkind ist seinen Paten sehr wichtig.

Und dafür braucht man nicht mal einen Zauberstab!«

Wie wird meine Firmung oder Konfirmation zu einem gelungenen Tag?

Das wird ein großes Fest für dich sein. O ja, du wirst ein schönes Fest des christlichen Glaubens erleben, so, wie es deine Taufe und vielleicht danach deine Erstkommunion waren. Inzwischen bist du groß und kannst sagen, was du denkst und woran du glaubst. Deshalb wirst du mit lauter Stimme vor der christlichen Gemeinde bekennen, dass du zu ihrer Familie gehörst, dass du an Gott glaubst und dass du auch weiterhin den Vater, den Sohn und den Heiligen Geist entdecken willst. Bei deiner Taufe warst du ein Baby. Jetzt kannst du deinen Glauben ganz alleine verkünden. Das ist ein neuer Abschnitt in deinem Leben als Christ. Aber dieses Fest will gut vorbereitet sein. Nimm dir doch einfach ein schönes Heft als dein künftiges »Glaubensbuch«. Du kannst darin Kapitel anlegen. Im Kapitel »Praktisches« kannst du dir etwa überlegen: Wer soll zu dem Fest eingeladen werden? Wo und wann wird das Fest stattfinden? ... Dann gibt es noch das Kapitel »Erinnerungen«: Bitte deine Familienmitglieder, dass sie dir etwas über ihr »Glaubensbekenntnis« erzählen. Das nächste Kapitel kannst du zum Beispiel mit »Ich glaube« überschreiben. Notiere da deine Gedanken, die Worte, die dir helfen, Gott zu finden und ihm nahe zu sein. Vergiss nicht das Kapitel »Gebet«: Das ist ein hübscher Platz, wo du die Gebete, die dir gefallen oder die du selbst erfunden hast, aufschreiben kannst. Im letzten Kapitel »Besinnung« hältst du fest, was dich in diesen Tagen der Vorbereitung prägt. Lass auch alle deine Freunde darin unterschreiben.

Am Tag deiner Firmung oder Konfirmation werdet ihr alle zusammen sein, vielleicht weiß gekleidet wie bei der Taufe, und eine Kerze tragen. Dieses Licht erinnert an Jesu Sieg über den Tod, den wir in der Osternacht feiern. Und es soll dir auf deinem Weg als Christ ein Leben lang leuchten. Hab ein schönes Fest!

Warum heißt es, die Christen seien die Kirche?

Ich kann verstehen, dass du in diesem Punkt etwas verwirrt bist.

Die Kirche ist nämlich zum einen das Gebäude, in dem sich die Christen versammeln, um zu Gott zu beten und gemeinsam den Gottesdienst zu feiern. Die Moslems gehen zum Gebet in die Moschee und die Juden zur Synagoge.

Aber was will der Begriff »Kirche« noch aussagen? Er geht auf das griechische Wort *ekklésia* zurück, was auf Deutsch »Versammlung« heißt.

Die Kirche hat ihren Ursprung in Jerusalem, als die zum Pfingstfest versammelten Apostel und Jünger von Jesus durch das Wirken des Heiligen Geists plötzlich voller Gewissheit ganz Israel verkündeten: »Gott hat ihn zum Christus gemacht, diesen Jesus, den ihr gekreuzigt habt.«

Zwanzig Jahrhunderte später bedeutet die Kirche die Gemeinschaft aller Männer, Frauen und Kinder aus allen Völkern und Ländern, die glauben, dass Jesus Christus lebt.

Kirche bedeutet also auch: das durch Gottes Ruf versammelte Volk. Gott lebt und wirkt durch die Mithilfe aller Christen in der Kirche. Jeder hat dort seinen Platz und jeder hat den Auftrag, zu verkünden – auch wenn es schwierig ist –, dass Jesus lebt und dass Gott alle Menschen liebt.

Warum sagt man, der Gottesdienst ist ein Fest, wenn doch alle dort ernst sind?

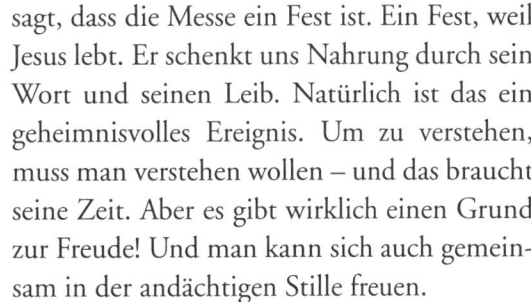

Leo träumt von einem Gottesdienst, bei dem seine ganze Familie und alle seine Freunde da sind – mit Gitarren, Synthesizer und Schlagzeug. Und dort würde sogar getanzt! Das wäre ein tolles Fest.

Vielleicht ist das aber nicht die einzige Möglichkeit, wie man einen schönen Gottesdienst feiern kann. Leo hat allerdings Recht, wenn er sagt, dass die Messe ein Fest ist. Ein Fest, weil Jesus lebt. Er schenkt uns Nahrung durch sein Wort und seinen Leib. Natürlich ist das ein geheimnisvolles Ereignis. Um zu verstehen, muss man verstehen wollen – und das braucht seine Zeit. Aber es gibt wirklich einen Grund zur Freude! Und man kann sich auch gemeinsam in der andächtigen Stille freuen.

In Afrika wird im Gottesdienst gesungen und getanzt! In Europa ist man meist stiller, zurückhaltender ... Aber man kann ernst und zugleich froh sein!

Trotzdem kommt es Leo so vor, als wäre die Messe eine traurige Angelegenheit. Die Leute scheinen irgendwie daran gewöhnt. Und er langweilt sich ...

Wie wäre es, wenn er mal mit anderen Christen, Freunden, Eltern, Religionslehrern und Priestern reden würde? Gemeinsam könnten sie vielleicht die Menschen am Eingang netter begrüßen? Neue Lieder lernen? Die Kinder bitten, etwas vorzulesen, im Chor mitzusingen oder zu musizieren ...? Ein richtiges Fest muss vorbereitet werden! Das gilt auch für uns selbst. Wenn die Christen unter der Woche an Jesus denken, feiern sie ihn am Sonntag umso fröhlicher.

Warum sagt man, die Hostie sei der Leib Christi?

Wenn die Christen im Gottesdienst die Hand ausstrecken, um die Kommunion zu empfangen, sagt der Priester zu ihnen, während er ihnen die Hostie zeigt: »Der Leib Christi.« Und sie antworten: »Amen«, was so viel bedeutet wie: Das stimmt, darin sind wir uns gewiss.

Alles begann am Vorabend von Jesu Tod, kurz vor seiner Festnahme, am Abend des Gründonnerstags. Jesus hatte seine Freunde zum Essen versammelt – aus Anlass des hohen jüdischen Osterfests. Er sprach wie gewohnt das Gebet und bat Gott, die Speisen zu segnen.

Jesus nahm ein Stück Brot in seine Hände (so wie man manchmal sagt, dass ein Mensch sein Leben in die Hand nimmt), brach es, reichte es seinen Jüngern und sprach: »Nehmt und esst alle davon, das bin ich.« In der Sprache von damals sagte Jesus eigentlich: »Das ist mein Leib.« Das Gleiche tat er mit dem Becher Wein am Ende des Mahls: »Nehmt und trinkt alle daraus, das ist mein Blut, das ist mein Leben.«

Erst später, nachdem Jesus auferstanden war, begriffen die Jünger, was er ihnen an jenem Abend hatte sagen wollen: sein Leben, das er für uns Menschen hingegeben hat. Es war geschenkt, ganz und gar Gott und den anderen geweiht.

Und auch am nächsten Tag, am Karfreitag, als alle dachten, Jesus wäre gewaltsam verhaftet und getötet worden, ist es wieder Jesus, der sich freiwillig hingibt.

Am Ende des Essens hat Jesus noch hinzugefügt: »Tut dies zu meinem Gedächtnis.« Und seit jenem Tag wiederholen die Christen diese Gesten und sprechen die Worte von Jesu letztem Abendmahl nach: Das ist die Messe.

Denn sie wissen, dass die Hostie, die der Priester in seinen Händen hält, wahrhaftig der Leib Christi ist, und dass der Becher, den er ihnen reicht, wirklich sein Blut, sein Leben, enthält. Hingegeben für uns, damit wir so mit dem Leben Gottes eins werden.

Warum bleiben katholische Priester unverheiratet?

Nicht alle Menschen heiraten. Es gibt Männer und Frauen, die nie Gelegenheit dazu finden oder es einfach nicht wollen. Und es gibt Menschen, die so sehr auf eine andere Sache konzentriert sind, dass es in ihrem Leben keinen Platz für einen Mann, eine Frau und Kinder gibt.

Jesus hat darauf hingewiesen: Es gibt Menschen, die sich so stark für Gott und seinen Willen begeistern, dass sie nicht mehr an eine Heirat denken können. Und Jesus bewundert sie. Übrigens hat er selbst die Ehelosigkeit gewählt, um sich ganz dafür einsetzen zu können, uns Gott näher zu bringen.

In den Glaubensgemeinschaften entscheiden sich Männer und Frauen für ein Leben im Zölibat, in Armut und Gehorsam, um sich mit aller Hingabe dem Gebet und dem Dienst an den Mitmenschen widmen zu können.

In der katholischen Kirche der westeuropäischen Länder werden seit Jahrhunderten nur solche Männer von den Bischöfen zu Priestern geweiht, die sich für ein Leben in der Ehelosigkeit entscheiden. Für diese Männer ist das eine Form, auszudrücken, dass sie ihr ganzes Leben der Aufgabe widmen wollen, das Evangelium zu verbreiten und sich um die christlichen Gemeinden zu kümmern. Natürlich will eine solche Entscheidung fürs Leben wohl überlegt sein.

Andere katholische Kirchen, zum Beispiel im Orient, etwa im Libanon oder in Syrien, ernennen ihre Priester auch aus dem Kreis der verheirateten Männer. Das Wichtigste bei einem Priester, ob verheiratet oder ehelos, ist seine Fähigkeit, alle Menschen zu lieben, die ihm anvertraut sind.

Meine Eltern sind beide Pastoren. Warum gibt es bei den Katholiken keine weiblichen Priester?

Vor einigen Jahren hat man Papst Johannes Paul II. diese Frage gestellt. Und er hat geantwortet, dass dies niemals der Fall sein kann. Nicht nur, weil Jesus damals ausschließlich Männer als Apostel gewählt hat, sondern auch wegen der Rolle des Priesters: Er ist Jesu Stellvertreter. Da aber Jesus ein Mann ist, muss diese Aufgabe von Männern erfüllt werden, die ihren Gemeindemitgliedern im Namen Christi sein Wort verkünden und seine Sakramente spenden.

Jesu Zuneigung zur Gemeinschaft seiner Jünger, zu seiner Kirche, erinnert an die Ehe zwischen Mann und Frau. Die Priester sind das Symbol dafür, dass Jesus sich auch heute noch aufmerksam

um die Kirche und die gesamte Menschheit kümmert wie ein Mann um seine Frau. Übrigens tragen die Bischöfe aus diesem Grund einen Ring. Er symbolisiert jenen Bund, so als ob sie mit ihrer Kirche verheiratet wären.

Bei den Protestanten ist das ein bisschen anders. Die Pfarrer gelten nicht immer als Priester und Stellvertreter Jesu, sondern vielmehr als Christen, die von der Gemeinde dazu ernannt wurden, ihnen zu helfen, ihren Glauben zu leben. Und erst seit ganz kurzer Zeit, nämlich seit dem 20. Jahrhundert, haben sich einige evangelische Kirchen nach langer Diskussion dazu entschlossen, auch Pfarrerinnen zu beschäftigen.

Wie wird man eigentlich Priester?

Lieber Tristan,

danke für deinen ausführlichen Brief und all deine Fragen. Eigentlich werde ich erst in fünf Jahren vielleicht zum Priester geweiht.

Es stimmt, ich denke schon sehr lange darüber nach. Ich war ungefähr so alt wie du, als ich zum ersten Mal das ganz starke Gefühl hatte, dass Gott mich ruft, damit ich mich in den Dienst der anderen stelle, als Priester. Seitdem habe ich viel nachgedacht und oft gebetet, um hier Klarheit zu bekommen. Andere haben mir dabei geholfen: ein Priester, den ich gut kenne, Freunde. Ich habe auch mit meinem Bischof darüber gesprochen, denn er wird entscheiden, ob er mich als Priester annimmt.

Trotzdem wollte ich erst mein Ingenieursstudium beenden. Um freier in meiner Wahl zu sein: Ich will mir nicht eines Tages sagen müssen, dass ich nur deshalb Priester geworden bin, weil mir nichts Besseres eingefallen ist. Vor allem aber will ich die Welt von heute besser verstehen, die Männer und Frauen, denen ich dann aus dem Evangelium erzähle.

Im September habe ich eine besondere Ausbildung begonnen, die das Studium der Bibel, die Kirchengeschichte und die Lehren und Lebensweisen der Christen zum Inhalt hat. Dabei lerne ich den Herrn besser kennen, der mich ruft. Und ich lerne auch, intensiver zu beten.

Sehr wichtig sind für mich außerdem meine wöchentlichen Besuche in der Pfarrgemeinde Saint-Cyprien. Dort erlebe ich konkreter, was mich später mal erwartet. Das ist so ähnlich wie bei den Medizinstudenten, die verschiedene Ausbildungsstufen im Krankenhaus durchlaufen.

Du siehst: Es gibt viel zu tun!

Hans-Christoph

Wozu gibt es Päpste?

Der Papst wird von den Kardinälen zum Bischof von Rom gewählt. Das ist die Stadt, in der der heilige Petrus und der heilige Paulus als Märtyrer starben. Er ist der Nachfolger von Petrus, den Jesus mit der Bildung der ersten christlichen Gemeinde beauftragt hat. »Du bist Petrus«, hatte Jesus zu ihm gesagt, »und auf diesen Stein werde ich meine Kirche gründen.« Denn Petrus heißt übersetzt »der Fels«. Der Papst ist also der oberste Bischof, so, wie der heilige Petrus der erste Apostel war.

Daher kümmert er sich auch nicht nur um die in Rom lebenden Katholiken, sondern ist der Oberhirte für alle Katholiken auf der ganzen Welt. Manchmal versammelt er alle Bischöfe zu gemeinsamen Beratungen um sich: Das nennt man ein Konzil. Von 1962 bis 1965 trafen sich in Rom mehr als zweitausend Bischöfe zum II. Vatikanischen Konzil. Manchmal schreibt der Papst auch lange Briefe an seine bischöflichen Brüder. Das sind die so genannten Enzykliken. Oft aber sucht der Papst die persönliche Begegnung mit den Christen aus aller Welt vor Ort. Papst Johannes Paul II. hat deshalb viele Reisen gemacht und dabei auch Deutschland besucht.

In vielen Ländern ernennt der Papst außerdem die Bischöfe. Seine Hauptaufgabe ist es, über die Gemeinschaft der Kirche und die Einheit aller Gemeinden auf der ganzen Welt zu achten. Damit ist er so etwas wie ein Chorleiter: Er singt zwar selbst nicht mit, gibt aber jeder Stimme Raum zur Entfaltung, damit ein harmonisches Ganzes entsteht. Das Hauptanliegen des Papstes ist, dass die Kirche immer »katholischer«, das heißt wirklich weltumfassend, wird.

Was ist der Unterschied zwischen christlich und katholisch?

Die Christen sind die Jünger Jesu, von Christus. Ein Teil von ihnen ist katholisch. Katholik zu sein ist eine Form des Christseins. Daneben gibt es aber auch andere Formen des Christseins, andere christliche Traditionen. Diese Unterschiede gibt es deshalb, weil die Familie der Christen im Lauf der Geschichte Konflikte und Spaltungen erleben hat.

Das Wort »katholisch« bedeutet: universell. Es steckt im »Ich glaube an Gott«. Die Christen der ersten Jahrhunderte verkündeten alle, dass die Kirche katholisch sei, das heißt über die ganze Welt verbreitet und für alle Menschen offen.

Heute gilt der Name »Katholiken« für alle Christen, die die uneingeschränkte Autorität des Papstes anerkennen – als den Nachfolger des heiligen Petrus als Bischof von Rom.

Als »Orthodoxe« bezeichnet man die Christen der Ostkirche, die sich 1054 von der römischen Kirche abgespaltet haben. Die »Anglikaner« bilden die anglikanische Kirche, die sich 1534 unter König Heinrich VIII. vom Papst losgesagt hat.

Im 16. Jahrhundert gab es ebenfalls große Probleme, als einige Christen die Kirche verjüngen und modernisieren wollten. Bei ihrem Protest gegen die Missstände wollten sie sich allein auf die Bibel stützen. So entstanden durch das Werk von Männern wie Luther oder Calvin die »reformierten Kirchen«, die auch »protestantisch« genannt werden.

Heute beten und überlegen die Christen der einzelnen Kirchen gemeinsam, um eines Tages das Ziel der Einheit zu erreichen. Das nennt man die Ökumene.

Warum macht man sich an Weihnachten Geschenke?

Esther hat beschlossen: beim nächsten Weihnachtsfest ist »alles mit Herzen«.

»Papa schenke ich ein Lesezeichen mit ganz vielen Herzchen. Mama bekommt ein gerahmtes Herz aus Spitze. Mein Bruder kriegt Zimtkekse in Herzform. Und meine Schwester ein kleines Herz aus Salzteig.« Und sie selbst? Esther wünscht sich eine Spielekonsole, aber die muss nicht unbedingt herzförmig sein.

Esther könnte sich Weihnachten ohne die gegenseitigen Geschenke nicht vorstellen. Weil man an diesem Tag glücklich ist, möchte man die anderen auch glücklich sehen. Man feiert die Geburt von Jesus. Für die Christen ist dieses Kind der Sohn Gottes. Es beschenkt die Menschen mit der ganzen Liebe seines Vaters.

An Weihnachten trifft man sich im Kreis der Familie zu einer fröhlichen Christmesse, zu einem leckeren Festessen und man denkt auch an einsame Menschen. Dazu macht man sich Geschenke, große oder kleine. Aber sie sind nicht das Wichtigste. Was zählt, ist zu zeigen, dass jeder an seine Lieben denkt. Das geht, selbst wenn man kein Geld für Geschenke hat oder wenn die Bescherung schon am Nikolaustag war.

Tatsache ist, dass man sich schon in vorchristlicher Zeit mitten im Winter Geschenke gemacht hat. Zum christlichen Fest hat man diesen Brauch beibehalten. Umso besser! Jesus liebt es, wenn man Glück verschenkt. Und er selbst ist das Geschenk Gottes. Das wunderbarste aller Geschenke!

Was versteht man unter der Fastenzeit?

Fastenzeit nennt man die vierzig Tage von Aschermittwoch bis Ostern. Aber was hat sie für einen Zweck? Sie dient der Vorbereitung auf das große Osterfest. Für die Christen lohnt sich die Mühe!

Jesus hat vierzig Tage in der Wüste verbracht, um sich auf seinen Auftrag vorzubereiten. Vor Jesus war das Volk der Israeliten vierzig Jahre lang durch die Wüste geirrt, ehe es das Gelobte Land erreicht hat. In der Wüste zählt nur das Wesentliche. Man wendet sich leichter Gott zu. Doch auch das Böse kann uns bedrängen, denn nichts ist da, um es zu verstecken. Jesus selbst wurde in Versuchung geführt.

Die Fastenzeit ist wie eine Wüste, wo wir in uns gehen, um alles Böse in uns zu erkennen und zu bekämpfen, damit wir Jesus besser nachfolgen können.

Wie gelingt uns das? Durch Beten, allein oder in Gemeinschaft, und indem wir mehr mit anderen teilen, auch wenn das bedeutet, dass wir uns von Dingen trennen müssen, an denen wir hängen. Wir verabschieden uns von der Einstellung »Ich zuerst«. Das ist so, als würden wir Platz in uns schaffen, damit der Heilige Geist unser Leben bereichern kann. Schließlich ist es eine besondere Zeit, um Gott und den Mitmenschen zu begegnen.

Was bedeutet Ostern?

Das christliche Osterfest geht auf das bedeutende jüdische Paschafest zurück. Im Hebräischen bedeutet *pessah* so viel wie Übergang. Für die Christen bedeutet es Jesu Übergang vom Tod zum Leben, seine Auferstehung.

Bei den Juden wird mit dem Paschafest ein überaus wichtiges Ereignis gefeiert: Gott befreit die Hebräer aus der Knechtschaft in Ägypten, so, wie er es Mose verheißen hat. Deshalb gedenkt jede Familie am ersten Abend des jüdischen Paschafests bei einem Essen dessen, was den Vorfahren widerfahren ist. Man bricht einen Laib Brot mit den Worten: »Dies ist das Brot des Elends, das unsere Väter in Ägypten aßen. Wer hungrig ist, komme und esse! Wer in Not ist, komme und begehe Pessach mit uns!« Diese Befreiung wird auch mit vier Bechern Wein zum Essen gefeiert.

Am Donnerstagabend, kurz vor seiner Festnahme, hat Jesus auch mit seinen Jüngern Brot und Wein geteilt. Er gab dieser Geste einen neuen Sinn, indem er sagte: »Nehmt und esst alle davon, dies ist mein Leib, der für euch hingegeben wird.« Dann reichte er ihnen einen Weinbecher mit den Worten: »Nehmt und trinkt alle daraus, denn dies ist der Kelch meines Blutes, das Blut des neuen Bundes ...«, den Bund zwischen Gott und allen Menschen. In der Nacht desselben Donnerstags wird Jesus verhaftet, angeklagt und zum Tod verurteilt. Am Freitag wird er gekreuzigt. Doch am ersten Wochentag des jüdischen Kalenders (für uns am Sonntag) findet der »Übergang« Jesu vom Tod in das Leben Gottes statt. Jesus lebt, Gott hat ihn auferweckt.

Zum Gedenken an das letzte Abendmahl, den Tod und die Auferstehung Jesu erneuern die Christen bei jeder Messe diese Tradition und feiern einmal im Jahr diesen Übergang als das schönste aller Feste.

Warum geht man an Allerheiligen zum Friedhof?

Am 9. November

Liebe Omi,

letzte Woche war der 1. November. Ich hatte keine Schule, denn es war Allerheiligen. Morgens bin ich zur Messe gegangen und der Priester hat von allen Heiligen gesprochen, von den bekannten und den unbekannten. Er hat uns auch gesagt, dass wir alle dazu berufen sind, Heilige zu werden. Das fand ich schon ein bisschen komisch! Ich habe gleich an den heiligen Sebastian gedacht, weil ich denselben Vornamen habe wie er. Er war Soldat der römischen Armee und der Kaiser hat ihn töten lassen, weil er Christ war.

Anschließend sind wir zum Friedhof gegangen, zu Opas Grab. Mama hat ein Gebet gesprochen, damit auch er ganz nah bei Gott ist, wie die Heiligen. Und dann habe ich ganz fest an die schönen Momente gedacht, die ich mit Opa erlebt habe. Am schönsten fand ich, wenn er mich in den Wald zum Pilzesammeln mitgenommen hat.

Ich hab alles so gemacht, wie du es zu mir gesagt hast. Ich habe Blumen im Garten gepflückt und sie für dich aufs Grab gelegt. Jetzt ist es fast so, als ob du selbst gekommen wärst. Ich weiß, dass du traurig bist, weil Opa nicht mehr bei dir ist. Mir fehlt er auch.

Ich schicke dir einen dicken Kuss.

Sebastian

Die Festtage im Jahreslauf

Ein rhythmischer Kalender

Wir Christen feiern jedes Jahr ein ganz besonderes Ereignis: die Auferstehung von Jesus an Ostern. Aber wir haben auch noch andere Festtage. Durch sie denken wir an die großen Momente im Leben von Jesus und seinen Jüngern.

Weihnachten, 24. Dezember

Mit diesem Fest feiern wir die Geburt von Jesus, dem Sohn Gottes, der Mensch geworden ist und uns ganz nah ist! Auf dieses Fest bereiten wir uns während der vierwöchigen Adventszeit vor.

Dreikönigsfest, 6. Januar

An diesem Tag feiern wir, wie drei Weise aus dem Morgenland, die Heiligen Drei Könige, zur Anbetung des Jesuskinds nach Betlehem gekommen sind. Und sie stellen fest, dass Jesus ihr Erlöser ist. Das zeigt, dass Jesus für alle Menschen auf die Welt gekommen ist.

Ostern, ein Sonntag im März oder April

Am Ostersonntag feiern wir Jesu Auferstehung von den Toten. Wir alle sind dazu bestimmt, ihm nachzufolgen. Für die Christen dauert die Osterzeit 50 Tage – bis Pfingsten. Sie feiern auch an jedem Sonntag die Auferstehung Jesu: Das ist der »Tag des Herrn«. Und während der 40-tägigen Fastenzeit bereiten sie sich durch Beten, Teilen und Fasten auf Ostern vor. Die Fastenzeit endet mit der Karwoche, in der wir der letzten Tage von Jesus, seines letzten Abendmahls, seiner Verurteilung und Kreuzigung gedenken.

Christi Himmelfahrt, ein Donnerstag 40 Tage nach Ostern

An diesem Tag feiern die Christen Jesu Eingang in Gottes Herrlichkeit und das Ende der Zeit, in der die Jünger dem auferstandenen Christus begegnen konnten.

Die Festtage im Jahreslauf

Pfingsten, ein Sonntag 50 Tage nach Ostern

An Pfingsten, wenn die Juden der Übergabe der Gesetzestafeln von Gott an Mose gedachten, feiern die Christen die Übergabe des Heiligen Geistes von Jesus an seine Apostel.

Dank des Heiligen Geistes haben sie den Mut, in der ganzen Welt die Auferstehung von Christus, dem Herrn, zu verkünden. Das ist die Geburtsstunde der Kirche.

Mariä Himmelfahrt, 15. August

An diesem Tag feiern wir den Eingang der Muttergottes Maria in das ewige Leben bei Gott.

Allerheiligen, 1. November

Hier feiern wir alle Heiligen aller Zeiten. Das sind die Männer und Frauen, bekannte oder unbekannte, von früher und heute, die in Freundschaft mit Gott leben. Sie weisen uns den Weg zum Glück und helfen uns, auf Gottes Spuren zu wandeln.

Wie werde ich Nonne?

Eines Tages fragten die Jünger Jesus: »Wie sieht das Reich Gottes aus?« Und Jesus antwortete ihnen: »Es gleicht einem Schatz, der auf einem Acker verborgen liegt. Ein Mann findet ihn. Er ist außer sich vor Freude! Deshalb verkauft er all sein Hab und Gut und kauft den Acker.«

Die Mönche und Nonnen ähneln diesem Mann. Sie sind so stark von der Begegnung mit Gott beeindruckt, dass sie beschließen, alles in ihrem Leben aufzugeben, um ihm besser dienen zu können und ihn besser kennen zu lernen.

Nonne zu sein, ist kein Beruf, sondern eine Berufung. Man wird es nicht, so, wie man Pilot oder Bäcker wird, mit einem Diplom und einer Kleinanzeige in der Zeitung! Nonne wird man auch nicht von heute auf morgen. Im Gegenteil, das braucht Zeit: Zeit, um den Ruf Gottes zu hören und darauf zu antworten, wenn man sich wirklich dazu bereit fühlt. Für manche kann dieser Entscheidungsprozess Jahre dauern!

Auch danach geht es in Abschnitten voran: Erst verbringt man ein bis zwei Jahre als Novizin in einer Ordensgemeinschaft. In dieser Zeit lässt man sich von einer älteren und erfahreneren Nonne bzw. einem Mönch beraten, mit der oder dem man über das Evangelium und über sich selbst nachdenkt. Wenn man dann entschlossen ist, kann man sich fest verpflichten. Ein neues Leben beginnt!

Wie sieht das Leben einer Nonne im Kloster aus?

Kloster Sießen, 20. Juli

Liebe Stephanie,

danke für deinen Brief und die Neuigkeiten aus der Familie. Du fragst mich, wie mein Leben hier im Kloster abläuft? Das lässt sich nur schwer in wenigen Zeilen beantworten, da müsstest du eigentlich selbst mal schauen kommen! Ich könnte dir meinen Stundenplan genau aufschreiben, so wie in der Schule, aber das würdest du sicher langweilig finden: aufstehen, Gebet, Essen, arbeiten, Gebet, Essen, Lesung, Gebet ...

Es stimmt schon, dass meine Tage alle ein bisschen nach dem gleichen Schema ablaufen, aber nur so kann ich meinen größten Wunsch verwirklichen: nämlich all meine Zeit Gott zu widmen und mein Leben auf ihn auszurichten. Ich will ihm danken und danach streben, ihn immer besser kennen zu lernen. Ganz allein oder auch gemeinsam mit den anderen Ordensschwestern rede ich mit ihm, höre ich ihm zu und bete ich zu ihm für alle Menschen, die seiner bedürfen. Ich bin sicher, dass all diese Gebete vereint Kraft haben und jenen helfen können, an die wir denken.

Du siehst, mein Leben ist einfach, fern von der Welt – und trotzdem habe ich mich noch nie allen Menschen so nahe gefühlt.

Jedenfalls solltest du, sofern deine Neugier noch nicht erloschen ist, eines tun: Komm uns hier im Kloster besuchen! Du weißt ja, Stephanie, unsere Tür steht dir immer offen.

Christine

Kapitel 9

Das Gift des Bösen

Das Leben ist manchmal grausam. Warum tut Gott nichts dagegen?

Terroranschläge, Hungersnöte, Unfälle, Katastrophen, Morde, all das wühlt dich auf. Du leidest mit, du kannst nicht verstehen, warum es uns Menschen nicht gelingt, glücklicher zu sein.

Mit deinem Protest bist du nicht allein, viele Menschen denken genauso. Manche sehen darin den Beweis dafür, dass Gott machtlos ist oder gar nicht existiert. Andere sagen sich, dass das Böse vielleicht eine Prüfung von Gott ist. Die Christen geben sich mit diesen Erklärungen nicht zufrieden. Wie kann man sich einen grausamen Gott vorstellen, der sich darüber freut, uns im Unglück zu sehen?

Wenn Gott nicht direkt eingreift, um das Leid der Welt abzuschaffen oder um die Menschen daran zu hindern, sich gegenseitig umzubringen, so liegt das daran, dass Gott seit Anbeginn der Schöpfung beschlossen hat, dem Menschen die Freiheit und die Verantwortung für all seine Taten zu geben.

Das soll nicht heißen, dass Gott nichts tut, aber er tut es auf seine Weise. Er gibt denen ihre Zuversicht zurück, die angesichts des Bösen und des Leids verzweifelt sind, damit sie ihre Lebensfreude wiederfinden und die Welt besser machen wollen. Er weckt in dem Sünder den Wunsch, sich zu ändern, und gibt ihm aus tiefster Seele zu verstehen, dass er bereit ist, ihm zu vergeben.

Er ruft dich und all die Menschen, die die Welt schöner machen wollen, dazu auf, die Boshaftigkeit zu verfolgen und das Unglück wieder gutzumachen. Denn Gott liebt deine Sichtweise und diese Empörung, die du fühlst.

Er ist bereit, dich in deinem Kampf gegen das Leid zu unterstützen. Dies ist seine eigene Art, zu handeln, indem er dir zur Seite steht. Doch diese Erfahrung des Bösen und der scheinbaren Entfremdung von Gott wird zweifellos eine Frage bleiben, die dich dein Leben lang begleitet.

Warum hat Gott, der vollkommen ist, allen die Wahl gelassen, gut oder schlecht zu sein?

»Meine Damen und Herren, heute Abend heiße ich, Gott, Sie herzlich willkommen zu einer Aufführung im Theater des Lebens! Das sind die Schauspieler: die Männer und Frauen meiner Erde. Sehen Sie nur, wie sie sich lieben! Der dort drüben, der gleich seinem Nächsten helfen wird! Und der da vorne, ja, wirklich ein braver Mann! Kein Wunder, denn ich befehle es ihnen so. Auf geht's, drei schöne Drehungen und dann ab mit ihnen!«

Brrr... Das wäre doch furchtbar, wenn das Leben so ablaufen würde. Stellst du dir einen Gott vor, der jeden Schritt der Menschen wie bei gehorsamen Automaten lenkt und sie zwingt, das zu tun, was ihm gut erscheint? Zum Glück ist Gott völlig anders und wir auch. Gott liebt uns wahnsinnig. Und er macht uns ein unglaubliches Geschenk: Er erschafft uns mit der Freiheit, unser Leben selbst zu wählen. Er geht das Risiko ein, sich auf uns zu verlassen. Das tut er, weil er glaubt, dass wir zum Besten fähig sind.

Und wenn wir den rechten Weg aber nicht finden? Wenn wir Lust bekommen, mal zu schauen, was abseits davon passiert? Klar, wir kennen den Weg nicht so gut: Wo lauern Gefahren? Wo sind die ruhigen Abschnitte? Eins ist sicher: Am Ende des Weges werden wir den anderen und Gott begegnen. Das lohnt doch das Wagnis, oder?

Was ist
eine Sünde?

»Ein Mann hatte zwei Söhne. Der jüngere von beiden sagt zu seinem Vater: Gib mir meinen Anteil vom Erbe. Danach bricht er auf in ein fernes Land, wo er sein ganzes Geld verprasst.

Bald darauf gibt es in dem Land eine Hungersnot. Da er nichts mehr besitzt, arbeitet er auf einem Bauernhof als Schweinehirt. Und insgeheim denkt er sich: Wie viele Knechte meines Vaters haben genug Brot zu essen, während ich am Verhungern bin? Ich will hier weg, heim zu meinem Vater und ihm sagen: ›Vater, ich habe gegen den Himmel gesündigt und gegen dich. Ich verdiene es nicht länger, dein Sohn zu sein. Behandle mich wie einen deiner Arbeiter ...‹

Damit man seine Botschaft besser versteht, hat Jesus sich kurzer Gleichnisse bedient. Und wenn er uns mit diesem Gleichnis verständlich machen wollte, was eine Sünde ist?

Sündigen, das bedeutet, sich von Gott zu entfernen. Durch unser Benehmen gegenüber unseren Mitmenschen, durch das, was wir zu ihnen sagen, was wir über sie denken oder wie wir uns ihnen gegenüber verhalten, können wir uns auch von Gott entfernen. Zwischen Gott und den Menschen besteht ein sich ständig erneuerndes Bündnis, wie ein Band der Liebe. Sündigen heißt, diesen Bund zu brechen und dieses Band zu zerreißen.

In diesem Gleichnis kehrt der Sohn zu seinem Vater zurück. Und als der ihn schon von weitem kommen sieht, läuft er ihm entgegen, um ihn in die Arme zu schließen. Wie ein Vater, der immer zu lieben bereit ist, empfängt Gott denjenigen wie einen Sohn, der sagen kann: »Mein Gott, ich habe gesündigt und ich kehre zu dir zurück.«

Warum gibt es Leute, die in Geld schwimmen, während andere verhungern?

Antoine lebt in Frankreich. Seine Eltern sind arbeitslos. Sie werden aus ihrer Wohnung ausziehen müssen, weil sie zu teuer geworden ist. Bastien, sein Klassenkamerad, ist ein Glückspilz. Sein Vater hat ihm gerade einen Computer mit CD-ROM-Laufwerk geschenkt.

Fati, im Niger, isst nur einmal am Tag. Amina hat dagegen sehr reiche Eltern, die gerade einen neuen Kühlschrank gekauft haben.

Überall auf der Welt, in den reichen wie in den armen Ländern, gibt es Menschen, die nichts zu essen haben, und andere, die in Geld schwimmen. Das ist wirklich ungerecht, empörend und skandalös. Es lassen sich Gründe finden, um diese Ungleichheiten zu erklären.

In bestimmten Ländern, etwa in den Wüstenregionen, ist Ackerbau nicht möglich. In anderen Ländern wütet der Krieg.

Aber es hat auch immer schon Menschen gegeben, die sich bereichern, indem sie andere wie Sklaven ausbeuten. Es gibt Menschen, die sich weigern, das zu teilen, was sie haben.

Niemand hat die Erde für sich allein gepachtet. Sie gehört uns allen. Gott hat sie in die Obhut der Menschen gegeben, damit sie sich um sie kümmern und sie schöner machen. Deshalb können wir die Erde in ein Paradies oder in eine Hölle verwandeln für diese Ungleichheiten. Es liegt in der Hand der Menschen, alles zu tun, damit wir gemeinsam gut leben können. Aber ebenso gut kann der Mensch dafür sorgen, dass Krieg und Elend um sich greifen.

In der Nachfolge der Propheten schärft Jesus unser Bewusstsein für das Unrecht. Er lädt uns ein, mit denen zu teilen, die Durst und Hunger haben, und uns auf unsere Art gegen das Unheil zu wehren.

Vergibt Gott denen, die Menschen töten?

Jeden Tag kannst du im Fernsehen in Krimis oder Zeichentrickfilmen sehen, wie sich Menschen gegenseitig umbringen. Da es sich hier ja bloß um »Filme« handelt, kann man das harmlos finden. Aber wenn du in der Tagesschau um 20 Uhr erfährst, dass ein Mann seine ganze Familie ermordet hat oder dass ein Schüler auf einen Klassenkameraden geschossen hat, ist das etwas anderes. Du weißt, dass das Wirklichkeit ist und dass das schrecklich ist. Denn Töten lässt sich nie wieder ungeschehen machen. Ein Leben ist beendet worden, zerstört.

Kann Gott das verzeihen? Man hätte große Lust »NEIN, bestimmt nicht!« zu erwidern, denn wir sehnen uns nach Gerechtigkeit. Wenn einer es gewagt hat, ein Menschen-leben auszulöschen, dann hat er es verdient, dass Gott ihn abweist, oder etwa nicht? So reagieren wir oft. Aber wir glauben, dass Gott so großer Liebe fähig ist, dass er unser Liebesvermögen bei weitem übersteigt.

Deshalb verzeiht Gott ganz sicher jedem, der getötet hat und um Vergebung bittet.

Verzeihen heißt, einem Sünder eine zweite Chance, eine Möglichkeit zur Umkehr, zu geben. Das soll nicht bedeuten, dass jetzt alles vergessen ist, einfach abgewischt wie die Kreide von der Tafel. Nein, eine solche Tat kann man nicht vergessen. Sie ist eine schwere Last. Und vielleicht kann Gott auch denen vergeben, die nichts bereuen, die krank im Kopf sind? Wenn der Mensch nicht die Kraft der Vergebung hat, ist Gott da.

Wenn Gott den Menschen nach seinem Bild geschaffen hat, warum sind wir dann alle ein bisschen böse?

Wenn Gott den Menschen nach seinem Bild geschaffen hat und wir alle ein bisschen böse sind, heißt das doch, dass Gott böse ist! Oder aber, dass der böse Mensch nicht das Abbild Gottes ist! Wirklich nicht einfach zu verstehen ...

Von allen Geschöpfen ist nur der Mensch in der Lage, Gott zu erkennen und zu lieben. Das ist der Sinn der Aussage, dass Gott uns nach seinem Bild geschaffen hat.

Wenn die Menschen alle ein bisschen böse sind, liegt es daran, dass sie leicht vergessen, aus welchem Grund sie geschaffen worden sind. Sie gehen in umgekehrter Richtung zur Schöpfung:

Statt sich zu lieben, hassen sie einander; statt Gott zu suchen, kehren sie ihm den Rücken zu. Statt ein Abbild Gottes zu sein, also Zeugen für die Gegenwart Gottes, handeln sie so, als ob es Gott gar nicht gäbe ...

Wir wurden nicht böse geschaffen; wir kommen nicht mit vielen kleinen Zellen Boshaftigkeit im Kopf zur Welt.

Aber es ist so viel leichter, nur an sich zu denken. Wenn wir uns entscheiden, egoistisch und böse zu sein, sind wir dafür verantwortlich. Und mit jedem Fehltritt ist es ein bisschen so, als würden wir das verbiegen, was in uns das Abbild Gottes ist: die Liebe.

Zeigt uns Gott durch Kriege und Erdbeben, dass er auf die Menschen wütend ist?

Im Jahr 1755 kommen beim großen Erdbeben von Lissabon tausende Menschen ums Leben. Die Wissenschaftler und Philosophen streiten sich über den Ursprung einer solchen Katastrophe. Wie ist sie mit der Güte des Schöpfers vereinbar? Ist es Gott, der auf die Menschen wütend ist?

Damals glaubten noch viele Menschen, dass solche Naturkatastrophen Strafen Gottes seien. Heute weiß man, dass die Kontinentalplatten der Erdkruste sich bei ihrem Zusammentreffen übereinander schieben. Manchmal aber blockieren sie sich und lösen dadurch Erdbeben aus.

Es sind also keine Strafen Gottes, sondern Naturphänomene. Inzwischen versucht man, durch eine ständige Überwachung der gefährdeten Zonen das Auftreten solcher Katastrophen immer genauer vorherzusagen.

Am 6. August 1945, kurz vor Ende des Zweiten Weltkriegs, werfen die Amerikaner beim Kriegsgegner Japan eine Atombombe über der Stadt Hiroshima ab. Es gibt mehr als hunderttausend Todesopfer. Wer ist dafür verantwortlich? Gott sicher nicht!

Gott hat nie von den Menschen verlangt, sich zu bekriegen, selbst wenn manche als Entschuldigung für ihre Gewalttaten mitunter behaupten, im Namen Gottes zu handeln.

Gott ist ein Gott der Liebe. Und es steht im Widerspruch zum Evangelium, ihn sich als drohenden Rächer wie in den alten Legenden vorzustellen. Wenn wir also schon die Erdbeben nicht vollständig kontrollieren können, sollten wir uns wenigstens pausenlos für den Frieden einsetzen.

Wenn Gott alle Menschen liebt, kommt dann überhaupt jemand in die Hölle?

Gott, manchmal, wenn ich an dich denke,
finde ich dich unglaublich.
Es ist verrückt, alle Menschen zu lieben,
selbst die bösen, ja sogar die grausamen.
Es ist verrückt, uns so selbstlos zu lieben.
Was verlangst du dafür als Gegenleistung von uns?
Nichts. Außer unsere Mitmenschen so zu lieben, wie du sie liebst.
Leicht gesagt! Wohlgemerkt, du zwingst niemanden.
Wer damit nicht einverstanden ist, wer die anderen hassen und leiden lassen will,
der kann das tun. Keiner hindert ihn daran.
Deshalb sind die Menschen manchmal böse oder grausam.
Weil du uns frei sein lässt, Gott, gibt es all das Böse.
Diejenigen, die sich der Liebe verweigern, gehen ein Risiko ein.
Sie bringen sich in eine ausweglose Lage.
Vielleicht ist das die Hölle.
Sie ist kein Ort,
sondern vielmehr eine Situation ohne Notausgang.
Gibt es Menschen, die sich vollständig
in dieser Hölle einsperren?
Gott, du allein weißt es.

Warum hat Judas Jesus verraten?

Er war es, der den jüdischen Machthabern den Hinweis gab, wo man Jesus leicht verhaften kann: nachts im Olivenhain. Und er war es, der ihn an die Soldaten verraten hat, indem er ihn umarmte. Als Lohn für diesen Verrat erhielt Judas dreißig Silberstücke.

Für den Evangelisten Johannes liefert das die Erklärung: Judas hat sich kaufen lassen. Außerdem stahl er Geld aus der ihm anvertrauten Gemeinschaftskasse unter dem Vorwand, es den Armen zu geben.

Andere glauben vielmehr, dass Judas von Jesus enttäuscht war. Denn möglicherweise war er Anhänger einer gewaltsamen Revolution. Vielleicht war er enttäuscht über Jesu Weigerung, sich zum König ausrufen zu lassen und Anführer einer politischen Befreiungsbewegung zu werden.

Welche triftigen Gründe Judas auch gehabt hat, eines steht fest: Er war frei. So wie alle anderen, die sich entschieden haben und für oder gegen Jesus Partei ergriffen haben. Und wie Jesus selbst, der es riskiert hat, Judas als Apostel zu wählen. Später haben die über diesen Verrat empörten Christen in den jüdischen Schriften nach Textbelegen gesucht, die schon einen Hinweis auf Judas' Tat enthalten könnten, zum Beispiel in den Psalmen: »Selbst der Freund, auf den ich zählte und mit dem ich mein Brot teilte, hat die Hand gegen mich erhoben.« Was nicht heißen soll, dass Judas zum Verräter vorbestimmt war oder bloß als Schauspieler auftrat, der eine Rolle in einem Bühnenstück eines anderen Autors spielt. Aber sie behaupteten mit Nachdruck, dass Gott selbst aus diesem dramatischen Verrat etwas noch Beeindruckenderes machen konnte. Denn letztlich haben uns Jesu Verhaftung und seine Kreuzigung gezeigt, wie weit er zu gehen bereit ist, um uns zu zeigen, dass er zu uns hält.

Wenn ich schummel, weiß ich nicht, ob Gott mir das vergibt.

Kleiner Dialog zwischen Lea und Gott:

»Lieber Gott, kann ich dich mal sprechen?«

»Natürlich, Lea.«

»Ich habe einen richtigen Knoten im Bauch.«

»Warum denn?«

»Ich bin nicht besonders gut in Mathe. Wir haben einen Test über das Malnehmen geschrieben und ich hab von meiner Nebensitzerin abgeschrieben. Jetzt hab ich 10 von 10 Punkten.«

»Das ist es doch, was du wolltest!«

»Nicht wirklich. Die Lehrerin hat mir gratuliert. Und ich hab mich geschämt. Außerdem hat meine Nachbarin nachträglich noch was geändert und jetzt hat sie nur 7 Punkte. Ich hab meine Lehrerin und meine Freunde belogen und mich dazu – weil ich beim Malnehmen immer noch nicht durchblicke! Habe ich jetzt auch dich verraten, weil ich meine Freunde verraten habe?«

»Ja. Denn was du den anderen tust, das tust du auch mir.«

»Das ist eine Sünde, oder? Pfff . . . Ich bin echt 'ne Null . . .«

»Lea, du weißt, ich liebe dich immer.«

»Wenn ich dich um Verzeihung bitte, würdest du mir zuhören?«

»Natürlich! Ich weiß, dass du dir diese Vergebung von Herzen wünschst. Ich vertraue dir. So, wie Jesus es von dir im Evangelium verlangt, so bin ich bereit, dir siebzigmal siebenmal zu verzeihen. Wie viel ist das übrigens?«

»Keine Ahnung, aber das ist sicher 'ne ganze Menge. Jetzt fühle ich mich leicht! Danke!«

»Vergiss nicht, Lea: Ich vergebe dir. Du wirst versuchen, dich zu ändern, da bin ich mir sicher.«

»Versprochen!«

Warum kann man nicht alle Menschen lieben?

Elsa geht in die vierte Klasse. Sie hat eine beste Freundin und Freunde. Mit vier Klassenkameraden spricht sie kaum. Tja, und dann ist da noch Marion, die sie einfach nicht leiden kann. Dieses Mädchen ist neidisch. An dem Tag, als Elsas schöner, neuer Anorak vom Garderobenständer gefallen ist, ist Marion absichtlich mit ihren schmutzigen Schuhen drübergelaufen. Elsa möchte ja gern alle Menschen lieben, aber mit der geht das einfach nicht!

Es ist normal, dass uns gewisse Leute nicht liegen. Man kann sich nicht zwingen, sie sympathisch zu finden! Jeder hat eben seinen eigenen Geschmack. Und es ist normal, dass man Lieblingsfreunde hat. Auch Jesus hatte Freunde.

Doch seine Mitmenschen in der Weise zu lieben, wie Jesus es getan hat, bedeutet etwas anderes: nämlich, dass man ihnen Gutes wünscht und ihnen auch Gutes tut, weil sie wie wir Kinder Gottes sind. Selbst wenn sie uns Böses wollen und uns Böses antun …

Handeln wir wie Jesus. Er schenkt allen Menschen, denen er begegnet, Beachtung. Er hört selbst die Verachtungswürdigsten an. Er vergibt denen, die ihm Böses antun. Er betet für alle. Jesus lehrt uns, über alle Maßen zu lieben.

Wie kriege ich meine Wutausbrüche in den Griff?

Mich kotzt alles an, die anderen und ihr.
Ich möchte alles zerschlagen, in der Gegend herumschmeißen,
damit es Krach macht und wehtut.
Hört endlich auf! Ich existiere! Und das soll auch jeder wissen!
Ich hab die Schnauze VOOOLLLLLLLLLL!
Da bitte, jetzt ist es wieder passiert, ich bin ausgerastet, explodiert ...
wie ein Dampfkochtopf, wie ein Feuerwerk.
Jetzt bin ich sauer auf mich, aber daran ist nix mehr zu ändern.
Warum? Warum? Warum? Tja, keine Ahnung.
Meine Wut kommt einfach so, ganz plötzlich.
Mir haben die richtigen Worte gefehlt, um auszudrücken, dass jetzt Schluss ist.
Also hab ich meine Worte genommen und sie rausgeschrien.
Ach, manchmal ist es so schwierig, das zu sagen, was man sagen will,
wenn die anderen nicht zuhören, wenn die anderen nicht hinsehen.
Natürlich war das zu viel: Ich hab zu viel geschrien, zu laut.
In solchen Momenten kann ich nicht mehr denken.
Aber beim nächsten Mal wird das anders sein.
Versprochen, ich schwörs, ganz bestimmt.
Jawohl, beim nächsten Mal lass ich mir Zeit,
ich höre den anderen zu, atme tief durch,
wähle meine Worte und sage sie ihnen.
Was, wenn es ein Problem gibt? Dann mache ich die Augen zu.
Und wenn es noch ein Problem gibt? Dann werde ich versuchen zu verstehen.
Ich werde ruhig und gelassen meine Meinung sagen.
Doch, doch, ich kann das!
Nein, nein, ich werde nicht wieder ausflippen, selbst wenn ihr das glaubt.
Wollen wir wetten?

Was kann man tun, um denen zu helfen, die im Winter erfrieren?

Montag, 3. Dezember. Draußen schneit es. Ich bin gerade von der Schule heimgekommen. Ich kuschele mich aufs Sofa, eine große Tasse heißer Schokolade in den Händen.

Unten vor dem Haus liegt eine Frau, eingemummelt in eine Decke. Ich kenne weder ihren Namen noch ihr Alter. Ich sehe sie oft. Sie hält immer den Kopf gesenkt und streckt ihre Hand aus. Ich weiß nie, wie ich mich verhalten soll. Früher hab ich schnell weggeschaut. Dafür schäme ich mich heute. Deshalb lächle ich ihr jetzt zu. Doch was ändert das in ihrem Leben? Was kann ich tun, um ihr zu helfen?

Als ich klein war, wollte ich Ärztin werden und für Ärzte ohne Grenzen arbeiten. Zweifellos werde ich aber später weder Ärztin sein noch Milliardärin und schon gar nicht Bundespräsidentin.

Neulich wurden im Supermarkt Nahrungsmittel für die Obdachlosen gesammelt. Ich habe Reis und Milch gespendet. Bestimmt wird das helfen. Ich weiß, dass manche alles tun, um Lösungen zu finden.

Im Winter fahren Lieferwagen durch die Großstädte, um die Leute einzusammeln, die im Freien übernachten, um ihnen einen warmen Platz zum Essen und Schlafen anzubieten. Hilfsorganisationen und Politiker überlegen sich Mittel und Wege, denen zu helfen, die keine Bleibe haben. Das beruhigt mich ein wenig.

Also, ich glaube, ich werde morgen beim Rausgehen mal mit ihr sprechen. Vielleicht nur, um ihr erst mal Guten Tag zu sagen ...

Kapitel 10

Und was kommt nach dem Tod?

Was passiert mit mir, wenn ich tot bin?

Wenn du gestorben bist, Sophie, wirst du nicht mehr so da sein wie jetzt: Du wirst zwar weiter existieren, aber anders. In einer anderen, unbekannten Welt. Der Tod ist wie ein Übergang dorthin.

Als du noch nicht geboren warst, sondern von deiner Mama dicht unter dem Herzen getragen wurdest, gab es dich schon. Und dann hast du einen ersten Übergang erlebt: Du bist in diese für dich neue Welt gekommen. Schlau hast du gewartet, bis du bereit warst, auf diese Welt zu kommen. Nun, der Tod, der uns Angst macht, ist auch wie eine Neugeburt.

Wir würden sehr gerne wissen, wie es auf der anderen Seite aussieht. Es gibt Menschen, die fast bei einem Unfall oder an einer schweren Krankheit gestorben wären. Manche waren auch schon totgeglaubt, ehe sie wiederbelebt und in dieses Leben zurückgeholt werden konnten. Viele haben ihre Eindrücke so beschrieben: Sie hatten das Gefühl, auf einen langen Tunnel mit einem Licht am Ende zuzugehen. Aber noch keiner, der wirklich gestorben ist, ist je zurückgekommen, um uns davon zu berichten. Deshalb können wir nicht wissen, wie es »drüben« aussieht.

Doch Jesus hat uns gesagt, dass Gott eine ganz starke Beziehung zu jedem seiner Kinder hat. Wenn unser Leben endet, wird Gott uns empfangen. Wie ein Vater, dem man am Ende eines langen Tages begegnet. Er wird uns sogar helfen, Licht in unser ganzes Leben zu bringen: das, was gut war, und das, was schlecht war. Und in seinen Armen werden wir erkennen, dass er uns nicht böse ist.

Kann man mehrere Leben haben?

Das Leben ist so kurz und geht so schnell vorbei! Man bräuchte eigentlich ein ganzes Leben, um Astronaut, Weltumsegler oder Papst zu sein, und ein anderes, um auf dem Land zu wohnen, zusammen mit lauter Tieren und einer ganzen Schar Kinder. Und wenn man im Beruf oder in der Familie irgendeinen schwer wiegenden Fehler gemacht hat, möchte man am liebsten noch mal ganz von vorn anfangen.

Nur hat eben jeder von uns dieses einzige Leben. Als wir geboren wurden, waren wir noch ganz frisch und neu: kein Ladenhüter, nicht recycled! Wir hatten noch nie an einem anderen Ort oder in anderer Form existiert. Unter den Milliarden Männern und Frauen, die auf dieser Erde gelebt haben, war keiner wie wir. Und wir werden nie jemand anderes sein. Deshalb dürfen wir dieses einzigartige Leben und all seine unwiederbringlichen Momente nicht verschwenden.

In anderen Religionen gibt es Menschen, die glauben, dass man mehrfach wiedergeboren wird, in einer anderen Existenz, mit einem anderen Körper, sogar in Tiergestalt, bis man schließlich den Zustand größtmöglicher Vollkommenheit erlangt hat. Doch wir wissen: Unser Körper, das sind wir selbst. Er ist keine Verkleidung oder Maske, die man wechseln kann. Das Gesicht eines Menschen, sein Lächeln, das ist wirklich er.

Wir können daher nicht nacheinander mehrere Leben besitzen. Aber die Existenz, die Gott uns gegeben hat, dauert ewig: Jetzt, da wir leben, ist es für immer.

Sind alle Menschen
im Paradies gleich alt?

Und wenn alle Menschen das gleiche Alter hätten, wie alt wären sie dann? Erinnert das Paradies vielleicht an einen großen Kindergarten? Oder eher an ein Altersheim?

Nein, überhaupt nicht. Das Alter ist nur für dieses Leben gültig. In diesem Leben zählen wir die Tage, die Monate und Jahre, die vergehen. In einer anderen Welt, im Paradies, hat das Alter sicher keine Bedeutung mehr. Es wird keine messbare Zeit mehr geben. Und es wird weder Erwachsene noch Kinder geben. Wir werden alle in Gott vereint sein. Und für ihn zählen wir alle gleich.

Jesus hat uns die Auferstehung versprochen. Unser Körper wird jedoch kein zerbrechliches Gebilde mehr sein, das müde oder krank wird. Wir werden unsere ganze Energie dafür benützen, die anderen zu finden, die uns vorausgegangen sind. Wir werden sie besser sehen, hören und mit ihnen reden können. Auf eine rätselhafte Art werden wir verwandelt. Es ist immer noch unser eigener Körper, aber er wird von einem neuen Leben erfüllt. Welch ein Fest wird das sein!

Doch niemand weiß Bescheid über das Paradies. Wie es wohl sein wird? Wie wir dann aussehen? Das ist ein Geheimnis. Eines ist gewiss: Gott wird uns allesamt einladen, damit wir an seiner Freude teilhaben können. Das ist das Wesentliche!

Meine Oma ist tot. Mein Opa ist vor kurzem gestorben. Haben sie sich wiedergefunden?

Lieber Opa,

jetzt bist du erst drei Tage tot, aber wie du siehst, vermisse ich dich schon. Deshalb schreibe ich dir dieses Brieflein, so wie jeden Sonntagabend. Ich erinnere mich noch gut, wie Oma vor vier Jahren gestorben ist. Da war ich acht. Du bist gealtert, ganz plötzlich. Ich weiß noch, wie du dich bemüht hast, trotzdem zu lächeln.

Ja, und dann hast du es dir zur Aufgabe gemacht, Omas Pflanzen zu versorgen. Ausgerechnet du, wo Oma doch immer geschimpft hat, weil du vergessen hast, sie zu gießen!

Heute fühle ich mich verloren. Gut, natürlich gibt es Gott. Ich glaube fest, dass er sich um dich kümmert, so, wie er es davor mit Oma getan hat. Ich bin sicher, dass du in deinem neuen Leben bei Gott Oma wiedergefunden hast. Ich kann es mir gar nicht anders vorstellen, ihr habt euch so sehr geliebt.

Ich glaube, dass die Liebe niemals vergehen wird, dass sie den Tod überdauert. Was werdet ihr beiden, Oma und du, euch zu erzählen haben? Geschichten von den Enkeln? Richtet Gott gelegentlich von mir aus, dass ich ihm vertraue. Selbst wenn mir der Gedanke, dass du diesen Brief niemals öffnen wirst, wehtut. Jedenfalls kannst du Oma sagen, dass sie sich nicht um ihre Pflanzen zu sorgen braucht. Eigentlich jetzt *eure* Pflanzen. Ich habe sie in mein Zimmer gebracht und kümmere mich um sie.

Opa, ich denke ganz fest an euch zwei.

Deine Enkelin

Kann man zu den Verstorbenen Kontakt aufnehmen?

»Sensationsmeldung: Es ist uns gelungen, das Gemurmel des Gespenstes aufzunehmen, das im Schloss von Geisterburg spukt!«; »Exklusivbericht für unsere Sendung: Diese Mutter sieht auf ihrem Fernsehschirm das Gesicht ihrer toten Tochter!«; »Direktschaltung ins Jenseits: Durch Drehen dieses Tischs werden unsere Gäste mit dem Geist Napoleons in Kontakt treten!«

All das sind bloß Geschichten – Illusionen oder sogar Betrug. Wir können die Toten nicht erreichen und auch nicht mit ihnen sprechen. Keine Technik der Welt kann das je möglich machen. Denn die Toten sind nicht mehr von unserer Welt. Sie haben keine Gesten oder eine Stimme wie wir. Sie sind nicht mal mehr »an einem Ort«.

Dennoch glauben wir, dass sie existieren, auf eine für uns unvorstellbare Weise. Wir glauben, dass sie bei Gott sind. Durch ihn sind wir mit ihnen verbunden. Wir können für sie und mit ihnen zu Gott beten. Das ist es, was die Christen als die Gemeinschaft der Heiligen bezeichnen. So glauben wir, dass sie uns trotz ihrer Abwesenheit und ihres Schweigens nahe sind.

Das ist eine Möglichkeit, mit ihnen Kontakt zu haben . . .

Können wir auch auferstehen, wenn wir eingeäschert werden?

Wenn ich mir unsere Auferstehung vorstelle – an dem Tag, da die Geschichte der Menschheit endet –, dann sehe ich eine große, fröhliche Menge, ausgelassen wie eine Hochzeitsgesellschaft. Wir fallen einander in die Arme, glücklich über unser Wiedersehen: die große Familie der Lebenden! Keine Friedhöfe und Gräber mehr! Im Licht des Osterfrühlings erheben sich alle, ein großer Tanz aller Völker, die dem Herrn singen, der uns leben und auferstehen lässt.

Ja, aber welchen Körper werden diese Menschen und wir besitzen? Schließlich gibt es Menschen, deren Körper man nicht beerdigen konnte, zum Beispiel vermisste, schiffbrüchige oder eingeäscherte Personen. Und was ist mit dem Freund, der nach seinem Tod seine Nieren und Augen gespendet hat? Unser jetziger Körper ist ein genialer Organismus, so viel komplizierter und perfekter als eine Mondrakete! Der wesentliche Punkt aber ist, dass wir uns dank seiner Hilfe bewegen, sprechen, lächeln, mit anderen in Kontakt treten und sie umarmen können.

Wenn man also sagt, dass der Herr unseren Leib am Ende der Zeit auferwecken wird, so bedeutet das nicht, dass er uns wie ein riesiges Puzzle aus all den vielen Materieteilchen zusammenfügt, die in einem bestimmten Augenblick unseres Lebens zu uns gehört haben. Er wird nicht alle Kohlenstoffatome, Zellen oder Nervenfasern suchen, aus denen einst unsere Hände oder unser Gehirn bestanden haben.

Wir können uns gar nicht vorstellen, wie dieser »auferstandene Körper« aussehen wird; wir wissen aber, dass wir wieder kommunizieren und uns erkennen können.

Warum fürchten wir uns vor dem Tod, wo wir doch wissen, dass wir auferstehen werden?

Xavier hat seinen Onkel Johann verloren. Sein Freund Boris tröstet ihn:

»Xavier, was ist passiert? Du siehst so traurig aus.«

»Mein Onkel Johann ist gestorben. Ich habe Mama weinen sehen.«

»Bei mir war es genauso, als der beste Freund meines Vaters bei einem Autounfall ums Leben gekommen ist. Papa war ganz bleich vor Schreck.«

»Aber Mama sagt, dass Johann jetzt bestimmt beim lieben Gott lebt. Warum weint sie dann?«

»Selbst wenn sie glaubt, dass Gott uns vom Tod rettet, ist es trotzdem ein fürchterlicher Moment! Dir wird bewusst, dass man für immer getrennt wird, wo man sich doch lieb hat!«

»Und wenn man weiß, dass der Körper zu Staub zerfällt, brr... Beim Tod läuft es mir kalt den Rücken runter. Selbst wenn man glaubt, dass Gott uns in unserer Gesamtheit auferweckt, ist das schwer zu schlucken.«

»Niemand kann beweisen, dass es ein Leben nach dem Tod gibt. Man kann es nur glauben. Und selbst wenn man daran glaubt, ändert das nichts daran, dass wir Angst vor dem Tod haben und dass wir traurig sind.«

»Was mir Angst macht, ist die Ungewissheit, was danach kommt. Glaubst du, dass wir dann nie mehr das Meer oder die Berge sehen, dass alles anders wird? Ich jedenfalls hänge sehr an unserem Leben hier auf der Erde!«

»Ich glaube, jeder hat Angst. Sogar Jesus fürchtete sich in der Nacht vor seinem Tod, als er ganz allein gebetet hat.«

»Und als Lazarus gestorben ist, hat er geweint. Ich glaube, Jesus wurde durch diesen Tod seines Freundes völlig aus der Bahn geworfen.«

Kommen die Tiere auch in den Himmel?

Helene ist traurig. Ihr schneeweißes Kätzchen ist heute gestorben. Sie hat gebetet, dass es wieder gesund wird, so wie für ihren Urgroßvater letztes Jahr. Und jetzt ist es aus! Helene wollte ihr Kätzchen nicht beim Tierarzt lassen.

Mit ihrem Bruder hat sie ein Loch im Garten gegraben und es beerdigt. Sie hat sogar ein kleines Kreuz in den Boden gesteckt. An diesem Abend fragt sie sich in ihrem Bett: Ob Schneeflöckchen jetzt wohl im Paradies ist? Nicht so einfach zu beantworten!

Ja, der Herr liebt die Tiere. In der Bibel kommen sie massenhaft vor. Sie haben in den Augen Gottes durchaus ihren Wert, denn er hat Noah aufgefordert, sie mit einer Arche vor der Sintflut zu retten. Und was finden wir in jeder Krippe neben dem Jesuskind? Den Ochsen, den Esel, die Schafe und sogar den Hund des Schafhirten.

Trotzdem ist ein Tier kein Mensch. Der Tod eines Kätzchens ist nicht mit dem Tod eines Menschen vergleichbar. Gott, der Schöpfer, liebt die Tiere wie seine ganze Schöpfung. Doch mehr noch liebt er Helene und alle Menschen, die zum Denken, Sprechen und Lieben geschaffen sind. Diese hat er sich nämlich nach seinem Ebenbild gewünscht. Und mit ihnen will er für alle Zeiten leben.

Aber alles, was Helene mit Schneeflöckchen erlebt hat, ist wichtig. Sie hat gelernt, mit ihm zu spielen, es zu pflegen und zu füttern. Zwischen dem Mädchen und seinem Kätzchen gab es eine richtige Liebesgeschichte.

Dank Schneeflöckchen ist Helene aufmerksamer, zärtlicher, verantwortungsbewusster und zuverlässiger geworden. Und das bleibt. Es gehört nun zu Helenes ewiger Geschichte. Und was für ein schönes Katzenleben hat Schneeflöckchen gehabt, wenn es dadurch einem kleinen Mädchen Lebenserfahrung geschenkt hat!

Kapitel 11

Gott, höre uns!

Hört Gott uns, wenn wir beten?

In ihrem Unglück wenden sich viele Menschen an Gott und klagen: »Wo hältst du dich versteckt, mein Gott? Ich habe Angst, zu leiden und zu sterben.

Wo bist du, wenn man mich quält, wenn man mich demütigt, wenn man mich fern meiner Heimat verschleppt? Warum hast du mich verlassen? Bist du taub für mein Flehen?

Zu dir rufe ich, mein Gott, aber ich höre deine Stimme nicht, ich erkenne nicht dein Gesicht, ich spüre nicht, wie deine Hand die meine ergreift.«

Und Gott sagt im Stillen zu ihnen: »Höre meine Stimme, sieh mich an, nimm meine Hand, ich bin da. Ich bin an deiner Seite, bereit, dich in meinen Armen zu tragen wie ein Vater, bereit, dich wie ein Freund zu umarmen und wie ein Bruder mit dir zu weinen. Komm zu mir.«

Gott hört uns und er hört uns zu. Und Gott antwortet uns. Aber seine Antwort ist oft still. Wir entdecken sie in der Zuversicht, die er uns zurückgibt, in der Freundschaft mit denen, die uns trösten . . .

Und was ist mit uns – hören wir Gott zu, wenn wir beten?

Wie kann ich Gott hören?

»An einem Wintertag bin ich einmal zum Strand gegangen. Meinen Drachen hatte ich zu Haus gelassen und so habe ich einfach nichts getan. Ich habe mich hingesetzt und das stürmische Meer betrachtet. Beeindruckend! Ich weiß nicht, wie es kam, aber ich habe an Gott gedacht. Es war, als ob er neben mir stehen würde und wir uns in Gedanken unterhalten könnten. Seit diesem Tag passiert es mir manchmal, dass ich mich ganz allein hinsetze, um eine Landschaft zu betrachten. Das ist meine Art, Gott zuzuhören.« Roman

»Wenn ich in der Bibel lese, habe ich das Gefühl, dass Gott zu mir spricht. Da gibt es zum Beispiel diese Geschichte, in der Martha zornig wird auf ihre Schwester Maria, weil sie ihr nicht hilft, das Essen für Jesus aufzutragen. Maria hingegen bleibt sitzen, um ihm zuzuhören. Wenn ich das lese, kommt es mir vor, als ob Gott mir sagen würde: Und du, Pauline, du bist wie Martha, bist du nicht zu viel in Bewegung? Kannst du das, was wichtig ist, heraushören – so wie Maria?« Pauline

»Wenn ich zur Messe gehe, ist es so, als ginge ich Gott zuhören. Das fällt mir leichter, als wenn ich ganz allein bin. In anderen Situationen, in der Schule etwa oder im Bus, lässt mich plötzlich irgendwas an Gott denken, worauf ich gar nicht gefasst bin. Dann habe ich das Gefühl, als käme er mich persönlich besuchen! Manchmal spricht Gott auch durch eine Geste oder ein Wort von jemandem zu mir.« Julien

Warum sagt man »Im Namen des Vaters« und nicht »Guten Tag, Vater«?

Heute Morgen,
beim ersten Sonnenstrahl dieses erwachenden Tages,
habe ich Lust, euch ganz einfach Guten Tag zu sagen:
»Guten Tag, Vater, Sohn und Heiliger Geist.«

Gott, du bist mein Gott, mein Vater und mein Licht,
Jesus, du bist mein Herr, mein Bruder und mein Freund,
Heiliger Geist, ich weiß, dass du in meinem Herzen wohnst.

Ich möchte euch mit alltäglichen Worten anreden können.
Natürlich kenne ich die Worte meiner Taufe genau:
»Im Namen des Vaters und des Sohnes und des Heiligen Geistes«,
und bevor ich zu beten anfange, bekreuzige ich mich,
indem ich über meiner Brust und den Schultern
das Kreuz Jesu andeute.

Doch weil ich euch bewundere, will ich euch heute Morgen
alle drei mit einem gemeinsamen Guten Tag umarmen.

Ich weiß nicht so richtig, was ich Gott sagen soll.

Weißt du, das geht nicht nur den Kindern so. Und das ist auch nicht schlimm. Aber Beten ist eigentlich gar nicht so schwer ... Schau, so reden andere Gläubige mit Gott:

»Wenn du mich wirklich liebst, Gott, erkläre mir deinen Willen, damit ich dich verstehe!«

»Ich liebe dich, Herr, du bist meine Stärke.«

»Ich bin so unglücklich! Warum nur hast du mich zur Welt kommen lassen?«

»Ich habe Böses getan, Herr, reinige mich von all meinen Sünden!«

»Mein Herz hüpft vor Freude, denn du errettest mich!«

Du findest diese Gebete in der Bibel. Sie stammen aus dem Mund von Mose, David, Hiob und Maria.

Du siehst, man kann Gott alles sagen, wie von Freund zu Freund mit ihm reden. Erzähle ihm von deiner Freude, deinen Sorgen, deinen Ärgernissen, deinen Hoffnungen. Durch das Beten lernt man zu beten, Schritt für Schritt ...

Du kannst auch mit den Worten zu ihm sprechen, die dich die Christen gelehrt haben: mit dem Vaterunser oder jenem Gebet Marias, das man als *Magnifikat* bezeichnet, oder mit dem Gesang des heiligen Franziskus ... die Auswahl ist groß, um Gottes Schönheit zu preisen oder ihm zu danken, ihn um Verzeihung zu bitten oder ihn um etwas zu bitten.

Und dann hab Vertrauen. Der Heilige Geist wird dir eingeben, was du sagen kannst. Er wird dich auch lehren, schweigend und ganz ruhig in den Händen Gottes, unseres Vaters, zu ruhen. Oder einen kleinen Abschnitt aus der Bibel zu genießen. Dort ist es Gott, der zu uns spricht. Und ihm zuzuhören, ist auch ein Gebet!

Die großen Gebete: sehr alte und ganz neue Worte

Diese Gebete stammen aus sehr alter Zeit. Sie wurden von Menschen gesprochen, die sie von ihren Eltern überliefert bekommen haben und diese wiederum von ihren Eltern ... Lies diese Texte laut oder im Stillen, dann lies oder sprich sie ein zweites Mal. Jetzt sind es auch deine Gebete.

Das Vaterunser

Dieses Gebet hat Jesus seine Jünger gelehrt.

Vater unser im Himmel,
geheiligt werde dein Name.
Dein Reich komme.
Dein Wille geschehe, wie im Himmel, so auf Erden.
Unser tägliches Brot gib uns heute,
und vergib uns unsere Schuld,
wie auch wir vergeben unseren Schuldigern.
Und führe uns nicht in Versuchung,
sondern erlöse uns von dem Bösen.

Gegrüßet seist du, Maria

**Mit diesem Gebet bitten wir Maria,
für uns zu beten.**

Gegrüßet seist du, Maria, voll der Gnade,
der Herr ist mit dir.
Du bist gebenedeit unter den Frauen,
und gebenedeit ist die Frucht deines Leibes, Jesus.
Heilige Maria, Mutter Gottes,
bitte für uns Sünder
jetzt und in der Stunde unseres Todes.

Ehre sei Gott

Gewöhnlich singen die Christen dieses Gebet.

Ehre sei Gott in der Höhe,
und Frieden auf Erden den Menschen seiner Gnade.
Wir loben dich, wir preisen dich, wir beten dich an.
Wir rühmen dich und danken dir,
denn groß ist deine Herrlichkeit.
Herr und Gott, König des Himmels,
Gott und Vater, Herrscher über das All.
Herr, eingeborener Sohn, Jesus Christus.
Herr und Gott, Lamm Gottes, Sohn des Vaters.
Du nimmst hinweg die Sünde der Welt: Erbarme dich unser.
Du nimmst hinweg die Sünde der Welt: Nimm an unser Gebet.
Du sitzest zur Rechten des Vaters,
erbarme dich unser.
Denn du allein bist der Heilige,
du allein der Herr,
du allein der Höchste:
Jesus Christus, mit dem Heiligen Geist,
zur Ehre Gottes des Vaters.   Amen.

Die großen Gebete: sehr alte und ganz neue Worte

Ein Buch in der Bibel sind die Psalmen. Das sind 150 Gebete, die von gläubigen Menschen geschrieben wurden und die Männer, Frauen und Kinder seit vielen Jahrhunderten singen oder lesen. Hör mal:

Antworte mir, Herr   Psalm 13

Herr, hast du mich für immer vergessen?
Wie lange willst du dich denn noch verbergen?
Wie lange sollen mich die Sorgen quälen,
der Kummer Tag für Tag an meinem Herzen nagen?
Doch ich verlasse mich auf deine Liebe, Herr:
Ich juble über deine Hilfe.
Mit meinem Lied will ich dir danken, Herr,
weil du so gut zu mir gewesen bist.

Preist alle den Herrn!   Psalm 150

Halleluja – preist den Herrn!
Preist Gott in seinem Heiligtum!
Lobt ihn, denn er tut Wunder, seine Macht hat keine Grenzen!
Lobt ihn mit Trompetenschall,
mit dem Klang von Harfe und Laute!
Lobt ihn mit Trommeln und Freudentanz,
mit Flöten und mit Saitenspiel!
Lobt ihn mit klingenden Zimbeln.
Alles, was atmet, soll den Herrn rühmen!
Preist den Herrn – Halleluja!

Mein Gott, wasche mich rein   Psalm 51

Gott, sieh mich an und vergib mir meine Verfehlungen!
Ich weiß, ich habe getan, was du verabscheust.
Du bist gerecht, Herr,
dir gefällt es, wenn einer die Wahrheit erkennt.
Lehre mich deine Weisheit,
wasche mich, dann werde ich weiß wie Schnee!

Der Herr ist mein Hirte   Psalm 23

Du, Herr, bist mein Hirte, darum kenne ich keine Not.
Du bringst mich auf saftige Weiden,
lässt mich ruhen am frischen Wasser
und gibst mir neue Kraft.
Und geht es auch durchs dunkle Tal –
ich habe keine Angst, denn du bist bei mir.
Vor den Augen meiner Feinde deckst du mir deinen Tisch.
Deine Güte und Liebe umgeben mich,
in deinem Haus darf ich nun bleiben mein Leben lang.

Mama war sehr krank. Wir haben gebetet, damit sie wieder gesund wird, aber Gott hat nichts gemacht.

Anna ist sehr traurig, ja sogar verzweifelt. Sie schreit ihre Wut hinaus. Ihr Vater hört ihr zu und versucht ihr zu antworten.

»Papa, weißt du, ich bin echt sauer auf Gott. Aber wozu nützt das alles? Ich habe gebetet und gebetet. Und wofür? Für nichts! Mama ist tot… Ich habe geglaubt, für Gott ist alles möglich. Ich habe gedacht, dass er Mama genug lieb hat, um sie zu retten. Und dass er etwas für uns tut, wenn er uns so unglücklich sieht. Nun, da hab ich mich eben getäuscht!«

»Hör mir mal zu, Anna. Auch ich bin furchtbar traurig. Aber ich weiß auch, dass Gott trotz allem jeden Einzelnen von uns liebt und will, dass wir glücklich sind. Er versteht unser Leid. Er ist bei uns. Und heute, wo wir beide weinen, liebt er uns noch mehr. Aber er will kein Zauberer sein, der den Lauf der Dinge mit einem Wink seines Zauberstabs ändert. Deine Mama konnte nicht mehr gesund werden, das ist alles.«

»Dann ist Gott also doch nicht so stark!«

»Ich glaube, dass Gottes Stärke und Macht sich in seiner Liebe ausdrücken. In diesem Moment ist er da. Er vergisst uns nicht. Er begleitet uns, damit wir neuen Lebensmut fassen.«

»Kannst du mir dann erklären, warum es Menschen gibt, die zu ihm beten und daraufhin gesund werden? In Lourdes gibt es viele Wunder!«

»So etwas kommt vor, das stimmt. Vielleicht sind die Wunder so etwas wie ein Augenzwinkern, mit dem Gott uns Menschen zeigen möchte, dass es sich unbedingt zu leben lohnt. Und dann sag dir, dass deine Mama jetzt bei Gott in einem neuen, völlig anderen Leben ist.«

»Mir wäre es lieber, wenn sie noch hier bei uns wäre!«

»Ich verstehe dich ja. Aber ich bin sicher, eines Tages, ob in drei Monaten oder erst in zwanzig Jahren, wirst du merken, dass deine Gebete nicht umsonst waren. Du wirst erkennen, dass Gott auf dich aufgepasst hat. Dass er dir geholfen hat, ein reiferer, besserer Mensch zu werden. Vielleicht nicht so, wie du es dir vorgestellt hast. Vertraue trotzdem auf ihn.«

»Das ist schwer! Und so lange müssen wir lernen, ohne Mama zu leben. Wenn er uns nicht hilft, weiß ich nicht, wie wir das schaffen sollen.«

Ist Gott zu beschäftigt, um uns zu antworten?

Manchmal stellt man sich Gott als viel beschäftigten Geschäftsmann vor, der die Erde wie ein gewaltiges Unternehmen leitet. Er bearbeitet die Millionen Anfragen der Menschen und hat dank eines Supercomputers alles prima im Griff. Er muss die Wünsche jedes Einzelnen befriedigen und alle Probleme der Welt lösen.

Aber Gott will die Erde nicht als eine Fabrik haben, mit ihm als Direktor an der Spitze.

Gott will, dass der Mensch frei über sein Leben entscheiden kann. Das soll nicht heißen, dass er sich nicht für uns interessiert. Im Gegenteil, Jesus lehrt uns, dass Gott wie ein Vater ist, der seinen Kindern hilft, gut aufzuwachsen.

Wie stellt Gott es an, dass er mit all seinen Kindern zurechtkommt? Das ist sein Geheimnis. Doch auch wenn wir uns seine Gegenwart nur schwer vorstellen können, ist er jedem von uns ganz nahe und vertraut uns.

Warum beten wir zu Maria?

In unserem Gebet sprechen wir gern zu Maria. Schon die ganz kleinen Kinder lernen, sie zu begrüßen: »Freu dich, Maria, voll der Gnaden.« Das sind die Worte des Evangeliums. Maria ist Jesu Mutter. Sie will uns helfen, ihn kennen zu lernen. Außerdem wacht sie über uns, da wir die Freunde und Brüder ihres Sohnes sind.

Im Augenblick seines Todes hat Jesus zu Johannes gesagt, dass Maria auch unsere Mutter ist. Wir wissen, dass sie uns versteht wie eine Mama, vor allem, wenn wir Schwierigkeiten haben.

Aber wir wissen sehr wohl, dass Maria nicht Gott ist. Deshalb beten wir zu ihr natürlich nicht so wie zu Gott, zu Jesus oder dem Heiligen Geist. Wenn wir zu Maria beten, dann wollen wir sie bitten, für uns zu beten. Sie kann das so viel besser als wir. Sie ist wie wir und steht uns verständnisvoll zur Seite.

Maria betet mit uns und wir beten mit ihr. Sie ist die Erste von allen Heiligen, den Freunden Gottes, die man anruft, wenn man sich ein wenig allein fühlt: »Heiliger Petrus, bitte für uns! Heiliger Paulus, bitte für uns!« Das nennen wir die Litanei der Heiligen. Nun, Maria ist die Erste, sie steht an der Spitze dieses langen Gefolges der Freunde Gottes. Sie lädt uns auch dazu ein, an ihrem Gebet teilzunehmen und gemeinsam mit ihr zu singen: »Groß ist der Herr!«

Warum sieht man Jesus an ein Kreuz genagelt?

Kreuze gibt es in allen Größen. Große Exemplare finden wir zum Beispiel an Kreuzungen von Feldwegen, auf Kirchturmspitzen oder in Kirchen. Und es gibt kleine, die man als Anhänger oder Schmuck um den Hals trägt oder als Abzeichen am Revers einer Jacke. Sind denn die Christen so stolz auf das Kreuz, dass sie es überall anbringen?

Wenn man genauer darüber nachdenkt, ist das Kreuz ein Werkzeug des Todes und genauso schrecklich wie die Guillotine oder der elektrische Stuhl. Eigentlich noch schlimmer, denn dieser Tod bedeutete lange Qualen. Wie kommen die Christen bloß dazu, ein solches Bild von dem, den sie Gottes Sohn nennen, zu präsentieren?

Für die ersten Gefährten von Jesus war das nicht einleuchtend. Das Kreuz war ein Skandal gewesen, eine Niederlage. Und man hatte sie verspottet – als Jünger eines Gekreuzigten!

Doch allmählich lernten sie, die Dinge anders zu sehen. Ja, es stimmt, Jesus ist am Kreuz gestorben wegen der Boshaftigkeit derer, die ihn verurteilt haben; aufgrund des Bösen, das die Herzen der Menschen vergiftet. Jesus hat natürlich nicht freiwillig den Tod gewählt. Aber dank seiner Liebe zu uns hatte er keine Angst vor denen, die ihm mit dem Tod drohten. Und er hat weiterhin überall verkündet, dass Gott alle Menschen liebt. Und Gott hat ihm Recht gegeben: Er hat ihn dem Tod entrissen und am Ostermorgen wieder auferweckt.

Deshalb erinnert uns das Kreuz nicht nur an Jesu Tod. Es ist auch zum Symbol des Sieges über Hass und Tod geworden, für diese Auferstehung. Für uns Christen ist das Kreuz wie eine Flagge, auf die wir stolz sind: Wir sind die Freunde von diesem Jesus, der bis zum letzten Augenblick geliebt hat.

Warum ist das Vaterunser so kompliziert?

Die Worte des Vaterunser mögen dir teilweise schwierig vorkommen, dennoch ist es ein ganz schlichtes Gebet.

Es ist schon richtig, dass wir manche dieser Wörter wie »geheiligt« oder »Schuldiger« nicht im Alltag verwenden. Aber sie kommen direkt von Jesus zu uns: Es sind die Worte seines Volkes, die Sprache seiner Zeit. Deshalb überträgt man sie wörtlich, ohne tief greifende Änderungen zu wagen. In zweitausend Jahren haben Milliarden von Menschen in allen Sprachen der Welt diese Worte aufgegriffen, um mit und wie Jesus zu beten.

Zu Beginn des Gebets versichern wir Gott, dass wir ihn lieben und dass das, was ihm wichtig ist – was Jesus als seinen Namen, sein Reich, seinen Willen bezeichnet –, uns interessiert, ja sogar begeistert. Wir wollen uns Mühe zu geben, damit sein großer Wunsch wahr wird: Alle Menschen sollen entdecken, dass sie seine Kinder sind.

Im zweiten Teil des Vaterunser bitten wir Gott um das, was wir zum Leben brauchen: um sein Brot, das unseren Körper wie auch unser Herz ernährt, und um seine Vergebung, die uns von dem Bösen befreit.

Eigentlich also ganz einfach. So einfach wie ein »Guten Morgen, Papa, hallo, Mama!«. Manchmal kann man sich übrigens auch mit den beiden ersten Worten begnügen, Vater unser, die schon alles sagen: »Du, der du Jesu Vater und der Vater aller Menschen bist, du bist auch mein Vater und darüber bin ich sehr glücklich.«

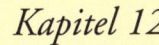

Kapitel 12

Alles Gute
für dein Leben!

Lieben, was bedeutet das eigentlich?

Ich liebe ganz viele Dinge.
Schokolade essen, meinen Drachen steigen
lassen, im Gras liegen und lesen,
stundenlang am Telefon plaudern,
barfuß im Sand laufen,
mit dem Füller schreiben,
mit dem Flugzeug verreisen.
All das liebe ich.

Und dann liebe ich Nathalie, Gabriel, Camille,
Viktor, Peter und Louisa,
meine Eltern, meine Schwester, meine Brüder,
meine Freunde für einen Tag und die fürs
ganze Leben.
Die liebe ich wirklich, sehr sogar. Viel mehr
als Schokolade, fliegen oder telefonieren.

Das hat damit gar nichts zu tun.
Ich liebe sie, weil ich an ihnen hänge.
Weil sie einzigartig sind,
weil sie unersetzlich sind,
weil mit ihnen mein Leben anders ist,
weil ohne sie mein Leben leer wäre.
Ich liebe sie, weil ich spüre,
wie ich an ihrer Seite ein besserer Mensch
werde.

Ich liebe sie, weil sie mich lieben.
Und diese Liebe erfüllt mein Leben,
sie macht es reich
und verleiht ihm Flügel.
Dann gibt es noch all die, die ich nicht liebe –
und zwar kein bisschen:
die, denen ich böse bin,
die, die ich vergessen habe,
die, die mir verändert erscheinen,
die, die ich langweilig finde.

Wenn ich an sie denke,
muss ich oft an dich denken,
mein Gott.
An diesen Satz, den Jesus uns hinterlassen hat
wie eine Herausforderung,
als er noch auf der Erde war:
»Liebet einander,
so, wie ich euch geliebt habe.«

Du Gott, du bist die Liebe.
Die Liebe, das bist du.
Schenke mir die Freude, mein Gott der Liebe,
alle, denen ich begegne,
so zu lieben, wie du sie liebst.

Wie kann man die Menschen glücklich machen?

Es wäre doch traumhaft, ein Zauberer zu sein. Zum Beispiel mit einem Radiergummi, mit dem man alles Pech und Unglück ausradieren könnte. Und um allen Menschen ein Lächeln und Glück zu schenken. Allerdings musst du dich damit abfinden, dass es einen solchen Radiergummi noch lange nicht gibt! Also müssen wir uns anderweitig behelfen!

Und dazu müssen wir uns zunächst mal genau ansehen, was um uns herum passiert. Es ist verblüffend, festzustellen, dass die Menschen gleich glücklicher sind, wenn man selbst mehr lächelt. Unsere Laune, ob gut oder schlecht, wirkt sehr ansteckend. Gute Laune um sich zu verbreiten ist schon ein gutes Rezept, wie man kleines Unglück ausradieren kann.

Manchmal begegnet man Leuten, die anhaltendes Leid oder furchtbares Unglück erleben. Doch auch da kann schon eine Kleinigkeit – freundliche Worte, eine liebevolle Berührung, ein Kuss, eine klitzekleine Aufmerksamkeit – Wunder wirken, selbst wenn man den Grund ihres Kummers nicht auf einen Schlag ausradieren kann. Wenn man weiß, dass sehr weit entfernt ganz unglückliche Menschen leben, kann man auch etwas dagegen tun. Monika bäckt einen Schokoladenkuchen, der auf dem Schulfest verkauft wird. Das Geld wird an ein Leprakrankenhaus in Vietnam gespendet. Monika und ihre Klasse schaffen damit ein bisschen Glück.

Im Grunde liegt das Geheimnis, Menschen glücklich zu machen, darin, dass man nie so tun soll, als ob sie nicht da wären. Und alles für sie tun, was einem möglich ist. Selbst wenn es nur eine Kleinigkeit ist. Das ist es: auf Gottes Art zu lieben. Und er ist es, Gott, der aus all diesen kleinen Samenkörnern des Glücks einen gewaltigen Baum wachsen lässt. Wie den im Gleichnis vom Senfkorn, in dessen Schatten sich alle Menschen glücklich zusammenfinden können.

Stimmt es wirklich, dass Jesus uns auffordert, unsere Feinde zu lieben?

Wir, seine Jünger, waren ihm seit dem Morgen gefolgt. Der warme Wind und der Straßenstaub haben uns müde gemacht. Deshalb hielten wir Rast unter den Ölbäumen. Jesus war bei uns geblieben. Im Sitzen zeichnete er mit einem welken Blatt auf der rötlichen Erde. Niemand wagte ihn zu stören. Heute Früh hatte er uns etwas Furchtbares mitgeteilt: »Ihr habt gelernt, was gesagt worden ist: *Du wirst deinen Nächsten lieben und deinen Feind hassen.* Nun, ich sage euch: *Liebt eure Feinde.*«

Ausgeschlossen! Die römischen Soldaten lieben, die das Land besetzt haben? Tag für Tag misshandeln und demütigen sie uns. Sie beleidigen uns und fangen an zu lachen, wenn wir beten.

Nein, es ist unmöglich, die zu lieben, die uns hassen, die wir verachten und bekämpfen.

Dennoch liebt Jesus auch diejenigen, die mit Steinen nach ihm werfen oder ihn verhaften lassen wollen, weil er im Namen Gottes spricht. Er sagt, seinen Feind zu lieben heißt, ihm zu vergeben lernen, was nicht bedeutet, dass man mit allem, was er tut, einverstanden sein muss. Und es heißt auch nicht, dass man verpflichtet ist, sich ihn zum Freund zu machen. Selbst unsere Feinde zu lieben heißt, mit Gott und wie Gott zu lieben.

Denn Gott liebt alle Menschen, wie ein Vater seine Kinder liebt, und sogar noch mehr. Unsere Aufgabe ist es, jeden so zu lieben, wie man seinen Bruder liebt.

Muss man wirklich jeden Sonntag in den Gottesdienst gehen?

»Am ersten Tag der Woche, als wir beisammensaßen, um gemeinsam das Brot zu brechen, richtete Paulus, der am folgenden Tag weiterreisen wollte, das Wort an die Brüder...«

So berichtet es uns Lukas in der Apostelgeschichte im Kapitel 20. Diese Begebenheit trug sich an Ostern des Jahres 58 bei Troas in Kleinasien zu. Was er »das Brot brechen« nennt, ist die Messe, das *Mahl des Herrn*.

An jenem Tag, als laut Lukas »Paulus nicht aufhörte zu reden«, schlief ein junger Mann namens Eutychus auf der Fensterbank ein, kippte aus dem Fenster und stürzte in die Tiefe. Zum Glück machte ihn Paulus wieder lebendig.

Seit zwanzig Jahrhunderten also ist es bei den Christen Brauch, sich »am ersten Tag der Woche« zu versammeln: Das ist der Tag, an dem Jesus auferstanden ist. Daraus machten sie »den Tag des Herrn«, auf Lateinisch *dies Domini*, unseren Sonntag. An diesem Tag zur Messe zu gehen heißt nicht nur, andere Christen zu treffen – die Brüder, wie Lukas sie nannte –, sondern vor allem, sich bei den Schriftlesungen an Gottes Wort zu freuen und am Leben Christi, nämlich durch die Kommunion.

Für einen Christen ist das eindeutig sehr wichtig. Niemand stellt die Frage: Muss ich wirklich jeden Tag essen oder mich waschen oder genügt es vielleicht nur hin und wieder? Übrigens, wenn man nicht so regelmäßig am Gottesdienst teilnimmt, verliert man ein bisschen den Geschmack daran. So, wie man geliebten Menschen, denen man seltener schreibt, nicht mehr so viel zu erzählen hat.

Wenn wir nicht mehr so oft zur Messe gehen möchten, liegt es manchmal an dem Eindruck, dass wir uns dort langweilen. Wir können dann darüber sprechen und uns die Handlungen und Worte erklären lassen. Manchmal werden auch Gottesdienste speziell für Kinder abgehalten. Da könnte man sich anbieten, die Texte vorzulesen, die Opfergaben zu bringen oder in einem kleinen Chor mitzusingen. Das ist allemal besser, als einzuschlafen und aus dem Fenster zu fallen!

Meine Eltern haben mich nicht getauft, um mir die Entscheidung zu überlassen. War das richtig?

Mein lieber Neffe,

danke für deinen Brief und die guten Wünsche zu meinem Fest! Ich möchte dir eine Antwort geben auf deine Frage im Hinblick darauf, dass deine Eltern dich nicht taufen ließen. Als du geboren wurdest, haben sie sich gesagt, dass du dich später selbst entscheiden sollst, ob du Christ werden möchtest oder nicht. Damit wollten sie dir zeigen, dass ihnen deine Freiheit wichtig ist.

Das ist deine Chance! Also bereite dich auf deine Entscheidung gut vor. Nimm dir Zeit zum Nachdenken. Und wähle mit Bedacht. Wenn du willst, komm zu mir und wir reden darüber.

Meine Eltern ließen mich schon als Säugling taufen. Für sie war die Taufe wie ein Schatz, weil sie uns zu Gottes viel geliebten Kindern macht. Sie wollten sie mir ohne Zögern schenken. Sie haben für mich das gewählt, was ihnen als das Beste erschien. So haben sie es auch bei meinem Vornamen oder meiner Babynahrung gemacht. Auch da habe nicht ich entschieden! Jetzt bin ich Christ, weil ich sicher bin, dass es sich lohnt. Mein Leben hat einen Sinn, der mich glücklich macht. Ich fühle mich frei. Auch du bist frei. Vergiss das nie!

Viele Grüße und bis bald,

dein Onkel Christoph

Was ist die Firmung?

Ich erzähle dir von Nicks Firmung, zu der ich eingeladen war.

An diesem Tag haben zwanzig Kinder der siebten Klasse ihre Firmung bekommen. Die Kirche war bis auf den letzten Platz besetzt. Der Bischof als Oberhaupt dieser Gemeinde war auch da, als Stellvertreter von Jesus. Er hat die Hände über den zwanzig Firmlingen ausgestreckt und sie gesegnet. Dabei hat er zu Gott, dem Vater, gebetet: »Sende ihnen nun deinen Heiligen Geist; schenke ihnen den Geist, der in deinem Sohn Jesus ruhte: den Geist der Weisheit und Klugheit, den Geist des Rats und der Stärke, den Geist des Wissens und der brüderlichen Liebe ...«

Danach hat er Nick und den anderen mit einem duftenden Öl, dem »Chrisam«, das Kreuzeszeichen auf die Stirn gemacht. Dieser Name stammt aus dem Griechischen und erinnert an das Wort »Christus«. Und er hat gesagt: »Nick, der Heilige Geist als die Gabe Gottes möge mit dir

sein.« Nicks Patenonkel war auch da. Nun war Nick also gefirmt! Indem Gott seinen Geist, seinen Lebenshauch mit uns teilt, kommt er uns ganz nahe.

Die Firmung ist ein Sakrament wie die Taufe oder die Eucharistie. Eigentlich haben wir bereits durch unsere Taufe den Geist empfangen. Aber um wachsen zu können, benötigen wir neue Kräfte! Die Firmung spendet uns neuen Atem. Sie hilft uns, unseren Platz als Christen einzunehmen. Wir werden zu tüchtigeren Zeugen des Evangeliums, wie die Apostel von Jesus. Sich hierauf vorzubereiten, hat sich gelohnt: Während der letzten Monate hat Nick andere Christen getroffen. Er hat gebetet und an den Bischof geschrieben, warum er gern die Firmung erhalten würde. Das war seine erste richtige Entscheidung als erwachsener Christ ...

Warum gießt man den Täuflingen Wasser über den Kopf?

Wasser, das bedeutet Leben. Für die Menschen, die Tiere und die Pflanzen. Vor allem in den sehr trockenen Ländern wie der Heimat von Jesus, wo man die Brunnen sucht. Es gibt Redensarten wie »im Glück schwimmen« oder »sich wie ein Fisch im Wasser fühlen«. Getauft werden heißt, in die Liebe Gottes eintauchen.

Wasser dient auch zum Waschen. Vor Jesus tauchte der Prophet Johannes mit dem Beinamen »der Täufer« die Menschen in die Fluten des Flusses Jordan, damit sie symbolisch von ihren Sünden reingewaschen sein sollten.

Jesus hat diese Geste für seine Jünger übernommen. Die Taufe ist der Eintritt in das christliche Leben wie in ein ganz neues Leben. Und nach Jesu Tod und Auferstehung hat diese Taufe einen neuen Sinn bekommen: Als ob man lebend aus dem Wasser steigen würde, nachdem man fast ertrunken ist. Um sich daran zu erinnern, dass Jesus nicht vom Tod verschlungen wurde: Gott hat ihn wieder lebendig gemacht.

Auch wir sind durch die Taufe gemeinsam mit Jesus Sieger über alles, was den Tod bringt und uns Angst macht. Wovor sollten wir uns auch fürchten? Gott, der Vater von Jesus, sagt auch zu uns, dass er unser Vater ist. Und er schenkt uns die Kraft seines Geistes.

Es stimmt, dass man all dies besser versteht, wenn ein Kind oder ein Erwachsener für die Taufe richtig unter Wasser getaucht wird. Auch der Begriff *Baptisterium* (Taufbecken/Taufkapelle) geht auf ein griechisches Wort zurück, das tauchen bedeutet. Aber man kann sich auch dann daran erinnern, wenn man dem Täufling nur etwas Wasser über die Stirn gießt, weil es praktischer ist.

Welchen Zweck hat die Kommunion?

Meine lieben Freunde aus der Klasse 3a,

ich habe ein sehr schönes Jahr mit euch verbracht. Ich war gern eure Religionslehrerin. Aber ich werde umziehen und kann euch deshalb nicht mehr bei den Vorbereitungen zu eurer Erstkommunion helfen. Daher möchte ich euch ein paar Worte schreiben! Durch die Kommunion werdet ihr euren richtigen Platz am Tisch der Christen einnehmen. Das ist wie ein Essen im Kreis der Familie. Diese Familie, das ist die Kirche. Sie überwindet die Jahrhunderte und die Grenzen, von London nach Rio de Janeiro, von Abidjan bis nach Tokio!
Wenn man zum ersten Mal die Kommunion empfängt, wird das wie ein großes Fest gefeiert. Die anderen Christen werden glücklich sein, euch an diesem großen Tag aufzunehmen. Von diesem Zeitpunkt an werdet ihr ganz an der Eucharistiefeier teilnehmen. Bis jetzt wurdet ihr schon mit dem Wort Gottes gespeist. Von nun an werdet ihr als Nahrung auch das Brot Gottes, den Leib Christi, empfangen. Dieses Ereignis verdient es, dass ihr euch während des ganzen kommenden Schuljahres sorgfältig darauf vorbereitet. Außerdem werdet ihr an den Tagen davor noch ein wenig Zeit gemeinsam verbringen. Allmählich werdet ihr besser verstehen, wie uns die Kommunion mit Jesus und seinem Vater vereint. Durch sie werden wir zu Brüdern.
Das ist der Grund für die Kommunion. Sein ganzes Leben lang braucht der Mensch diese Nahrung. Jesus gibt sie uns unermüdlich, so, wie er am Ufer des Sees mit nur fünf Broten und zwei Fischen eine große Volksmenge gespeist hat, erinnert ihr euch?
Ich wünsche euch eine fröhliche Kommunion, auf die noch viele weitere folgen mögen!

Mit lieben Grüßen, Agnes

Warum geht man zum Religionsunterricht?

Rätsel:

Wo kann man Jesus Christus entdecken, seine Worte hören?

Wo kann man verstehen lernen, warum so viele Menschen glauben, dass er Gottes Sohn ist?

Wo kann man einem Christen begegnen, der uns erklärt, wer die Christen sind?

Wo kann man herausfinden, was »beten« eigentlich bedeutet?

Wo kann man über Menschen reden, die keine Christen sind, aber trotzdem an Gott glauben?

Lösung: im Religionsunterricht.

Wir können aus verschiedenen Gründen den Religionsunterricht besuchen.

Wir können aus Neugier und Interesse hingehen.

Meistens jedoch gehen wir hin, weil unsere Eltern uns hinschicken. Alles entspringt einer Verpflichtung: Bei der Taufe haben die Eltern ihrem Kind versprochen, dass sie ihm die Möglichkeit geben wollen, Jesus Christus, die Bibel und die Kirche zu entdecken. Im Religionsunterricht lernen Kinder, gemeinsam als Christen zu leben.

Warum heiraten manche
in der Kirche?

Wir haben eine Einladung bekommen: »Caroline und Sylvio werden am 3. Juni in der Kirche Notre-Dame getraut. Sie laden euch dazu ein, ihre Freude mit ihnen zu teilen.«

Ich habe schon oft gesehen, wie Frischvermählte direkt gegenüber von uns aus dem Standesamt gekommen sind; aber nur selten eine Hochzeit in der Kirche.

Aber warum wollen sie in der Kirche heiraten? Was kann das schon an ihrer Liebe ändern? Ich habe mir gedacht: Vielleicht ist es in der Kirche hübscher, so mit Gesang, Blumen und Orgelmusik. Und dann ist da noch ein Priester, das gibt der Sache einen würdigeren Rahmen. Hm, vielleicht bringt das Glück! Ist das alles?

Diese Frage habe ich Caroline gestellt. Jetzt weiß ich Bescheid. Mit ihrem Entschluss, in der Kirche zu heiraten, wollen sie Gott dafür danken, dass sie sich begegnet sind. Die Liebe zwischen Mann und Frau ist ein großes Abenteuer. Deshalb kommen sie auch, um Gott zu bitten, dass er ihnen hilft, das Schiff ihrer Ehe trotz aller Unwetter stets auf dem richtigen Kurs zu halten. Und dann wissen sie wie alle Getauften, dass auch zwischen Gott und den Menschen ein eheähnliches Band besteht: Gott liebt uns mit seiner selbstlosen, geduldigen, treuen und sich ständig erneuernden Liebe, aus der erst das Leben entsteht.

Durch ihre Heirat in der Kirche und das gegenseitige Treueversprechen vor Gott und all ihren Freunden möchten sie öffentlich zum Ausdruck bringen, dass sie diese Liebe mit ihren Kindern leben wollen.

Die Sakramente

Jesus hat uns Zeichen, Gesten und Worte hinterlassen, um die großen Momente in unserem Leben als Christen von der Geburt bis zum Tod zu markieren. Das sind die sieben Sakramente. Wenn in der christlichen Gemeinde der Priester für uns diese Handlungen wiederholt und diese Worte nachspricht, ist es immer Jesus, der hier handelt und uns Leben schenkt; so wie damals, als er bei seinen ersten Jüngern war und die Menschen in Scharen empfing, die Kinder segnete, die Kranken heilte oder die Sünden vergab.

Die Taufe

Sie ist das erste Sakrament, das man empfängt, die Eingangstür zum christlichen Leben. Dadurch, dass der Täufling ins Wasser getaucht wird oder man seine Stirn mit etwas Wasser benetzt, wird er ganz neu, wie der auferstandene Jesus.

Nun beginnt für ihn ein wahres Leben als Gotteskind. Man tauft selbst die kleinsten Kinder, um zu bezeugen, dass es immer Gott ist, der den Anfang macht; noch bevor wir in der Lage sind, ihm zu antworten.

Die Firmung

Indem ihm der Bischof die Hand auflegt und seine Stirn mit Öl salbt, empfängt der herangewachsene Christ den Heiligen Geist, der ihn festigt, um das Evangelium zu verkünden.

Dadurch wird er erst richtig zu einem verantwortlichen Mitglied der christlichen Gemeinde.

Die Eucharistie

Sie ist das zentrale Sakrament, das Herzstück des christlichen Lebens. Die Jünger von Jesus versammeln sich, um gemeinsam des letzten Abendmahls zu gedenken und das Geschenk zu feiern, das Jesus uns mit seinem Leben gemacht hat. Wenn der Priester die Gesten von Jesus wiederholt und die Worte nachspricht, die er an jenem Abend gesagt hat, fühlen wir uns wirklich mit seinem Leben, seinem Tod und seiner Auferstehung verbunden.

Die Sakramente

Die Beichte

Sie ist das Sakrament der Vergebung, das uns der Priester im Namen Jesu spendet, wenn wir unsere Sünden bereuen und uns Gott von Neuem zuwenden wollen.

Die Ehe

Gott, der den Bund mit den Menschen geschlossen hat, ist die Quelle aller Liebe. Wenn ein Mann und eine Frau sich kirchlich trauen lassen, empfangen sie die Kraft, ihre Familie auf dem Fundament Gottes zu gründen. Indem sich beide einander lebenslang versprechen, werden sie gemeinsam zum Symbol jener Liebe, die Gott uns schenkt: Denn seine Liebe währt ewig.

Die Weihe

In der Nachfolge Christi, dem guten Hirten für sein Volk, werden manche Männer durch den bischöflichen Segen zum Priester geweiht, um den Bestand der Kirche zu sichern, damit sie allen Menschen das Evangelium verkünden kann. Der Bischof ernennt auch Diakone im Zeichen von Jesus als Diener für alle.

Die Krankensalbung

Das Leben ist beschwerlich, wenn man sehr alt oder sehr krank ist. Wenn der Priester mit einem Kranken betet und ihm Stirn und Hände mit Öl salbt, schenkt er ihm ein Zeichen des Trosts: Gott vergisst auch die Schwächsten nicht. Sein Sohn Jesus hat ihr Leiden mitgetragen. Sie werden dafür an seinem Triumph teilhaben.

Warum tut man alles für einen Menschen, den man liebt?

Als Peters bester Freund in den Sommerferien ins Krankenhaus musste, hat Peter nicht lange gezögert: Er hat seine Eltern gefragt, ob er bei seinem Freund bleiben kann und dafür nicht mit in den Urlaub fährt. Niemand hat Peter dazu gezwungen, so zu reagieren. Es ist wie eine geheimnisvolle Kraft, die ihn dazu bewegt hat, alles zu tun, damit sein Freund nicht allein bleiben muss.

Sogar in den Menschen, die uns gewalttätig oder böse vorkommen, blitzt mitunter die Liebe auf und bringt sie dazu, der von ihnen geliebten Person alles zu geben.

Manchmal entspringt in uns plötzlich eine Kraft der Liebe, von der wir vorher gar nichts gewusst haben. Wir sind glücklicher, getragen von dem Gefühl, intensiver zu leben und unsere eigenen Sorgen ein wenig zu verdrängen. Genau das hat Peter wohl empfunden, als er sich entschied, bei seinem Freund zu bleiben.

Es ist erstaunlich, aber indem wir ein bisschen von uns selbst hergeben, haben wir den Eindruck, dass wir lebendiger werden, dass unser Herz vor Liebe fast platzt.

In solchen Augenblicken können wir am besten verstehen, auf welche Weise Jesus die Welt geliebt hat. Seine Liebe zu den Menschen war so grenzenlos, dass er ihnen bereitwillig alles gegeben hat, sein ganzes Leben.

Und auch als er den Tod überwand und zu seinem Vater heimkehrte, versprach er uns, dass er für immer dieser Freund bleiben würde, bereit, alles für uns zu tun.

Welchen Sinn macht das Heiraten, wenn man sich hinterher doch wieder scheiden lässt?

Niemand verreist, um zu verunglücken! Und niemand heiratet, um sich scheiden zu lassen. Wenn ein Mann und eine Frau heiraten, haben sich die zwei sehr lieb. Sie vereinigen sich, um einander glücklich zu machen und Kinder zu haben. Sie haben beschlossen, alles zu tun, damit dies ihr ganzes Leben lang so bleibt.

Dennoch trennen sie sich manchmal auch wieder. Warum? Das ist ihr Geheimnis. Jedenfalls ist es nicht die Schuld ihrer Kinder, denn die können nichts dafür. Aber es tut allen Beteiligten weh …

Das Leben ist schon ein merkwürdiges Abenteuer! Wir sind zugleich mutig und zaghaft, großzügig und egoistisch. Jedem von uns passieren Fehler … Was uns rettet, ist die Gewissheit, dass Gott uns kennt, so, wie wir sind. Er verurteilt uns nicht, sondern ist stets zur Vergebung bereit. Die Menschen, die geschieden wurden, liebt er trotzdem. Mit ihm ist die Zukunft nie eine Sackgasse.

Eines Tages wirst auch du bestimmt heiraten. Ich wünsche dir ein glückliches Eheleben. Was nicht unbedingt rosarot zu sein braucht! Der Himmel hängt nicht immer voller Geigen. Es werden herrliche Tage kommen, Tage, an denen ihr viel Zeit für gemeinsame Gespräche habt. Aber es wird auch Tage geben, an denen ihr euch nicht wieder erkennt, miteinander streitet, ja vielleicht habt ihr sogar das Gefühl, dass ihr euch nicht mehr liebt …

Hab keine Angst. An solchen Tagen könnt ihr euch trotzdem lieben, nur auf eine andere Art. Du wirst sehen, die Ehe ist wunderbar!

Mein Vater hat uns verlassen.
Können wir uns trotzdem noch lieb haben?

Es ist bestimmt schon nach zehn Uhr. In meinem Zimmer ist es stockdunkel. Ich denk an dich, Papa. Weißt du noch, wie es war, als du noch daheim gewohnt hast? Ich konnte nie einschlafen, bevor du mir nicht »Gute Nacht« gesagt hast. Jetzt schlaf ich ganz allein ein. Manchmal brauch ich lang dazu, manchmal auch sehr lang …

Sag mal, es stimmt doch, dass es nicht meine Schuld ist, dass du weggegangen bist? Weißt du, am Anfang hatte ich Angst, dass es zwischen uns nicht mehr so sein würde wie früher. Zum Glück habe ich an unse-

rem ersten Besuchswochenende bei dir gesehen, dass du glücklich warst. Du vermisst mich doch auch, oder? Unsere Wochenenden liebe ich sehr.

Und danach kommt wieder die Woche. Mit Mama, der Schule und meinen Kumpels. Es ist ein bisschen wie früher, nur dass wir drei eben keine richtige Familie mehr sind. Wir sind mehr wie zwei Familien. Ich weiß sehr gut, dass es nie mehr wie früher sein wird. Doch in jeder dieser Familien haben wir uns ganz arg lieb. Was ja eigentlich gar nicht so schlecht ist …

Ist es schlimm, wenn man seinen Eltern nicht gehorcht?

Wenn du im Frühling an einem Teich spazieren gehst, siehst du vielleicht eine Entenmama mit ihren Kindern. Um fliegen zu lernen, haben die Kleinen nur eine Möglichkeit: Sie müssen der Mama zuschauen, die ihnen zeigt, wie sie ihre Flügel spreizen müssen, um die Bewegungen des Windes zu spüren. Für ihren ersten Flug machen die Küken der Mutter alles nach und heben dann gemeinsam mit raschen Flügelschlägen vom Wasser ab.

Manchmal versucht ein freches Kleines, in der Gegenrichtung zu starten. Aber sosehr es sich auch bemüht, es schafft es nicht und plumpst ins Wasser zurück. Wenn es gehorcht hätte, wäre es ihm sicher auf Anhieb geglückt. Denn die Entenmama hat Erfahrung. Sie fliegt schon lange und weiß genau, wie man es richtig macht. Das Küken glaubte, es allein zu schaffen, wie ein ausgewachsener Vogel. Das war riskant und es ging prompt schief.

Als Kind möchte man von den Erwachsenen ernst genommen werden. Man ist eine eigene Person und hat manchmal den Eindruck, dass die Eltern sich darüber nicht im Klaren sind. Oft gehorcht man nicht, weil man zu wissen glaubt, was für einen am besten ist. Dabei wird jedoch vergessen, dass es häufig noch an Erfahrung fehlt. Die Eltern haben meistens Recht. Es geschieht nicht ohne Grund, wenn sie dieses oder jenes verbieten. Sie tun das, weil sie ihre Kinder lieben und verhindern möchten, dass sie sich verletzen oder täuschen … Nicht zu gehorchen kann gefährlich werden!

Erst im Lauf der Zeit lernt man zu erkennen, was gut und richtig ist und was nicht. Die Eltern sind reifer als ein Kind, sie haben bereits mehr Dinge verstanden. Sie geben ihr Bestes, aber sie sind nicht perfekt.

Allerdings ist nicht jeder Ungehorsam gleich schlimm. Wenn du dir das Mofa von deiner großen Schwester leihst, obwohl du noch keinen Führerschein hast, kann das dramatische Folgen haben. Schaust du dagegen weiter das Video *Jäger des verlorenen Schatzes* an, obwohl du versprochen hast, ins Bett zu gehen, ist das auf den ersten Blick nicht so schlimm; in Wahrheit aber ist es ein Vertrauensbruch gegenüber den Eltern.

Manchmal kann man so eigene Erfahrungen machen und hat die Möglichkeit, falls man sich geirrt hat, dies nicht zu wiederholen.

Was ist die Beichte?
Und was muss man dem Priester dort erzählen?

Wie alle, die aufrichtig lieben, ist Gott immer zur Vergebung bereit. Im Evangelium erleben wir, wie Jesus im Namen Gottes verzeiht: »Deine Sünden sind vergeben«, sagt er.

Und das gilt auch heute noch: Jesus hat uns ein Zeichen gegeben, eines der sieben Sakramente, »das Sakrament der Buße und der Vergebung«. Damit auch wir sicher sein dürfen, dass Gott uns vergibt. Es ist immer der Priester, der diese göttliche Vergebung ausspricht, denn er ist es, der die Messe abhält. Für uns wie für die ersten Apostel verkörpert er Jesus; er macht ihn gegenwärtig.

Zu dieser Feier der Vergebung können somit alle, die wollen, den Priester aufsuchen und ihm die Sünden erzählen, die sie bereuen und für die sie um Vergebung bitten wollen. Man nennt das »beichten«. Es geht nicht darum, seine Fehler aufzulisten (»Ich bin ein Lügner« oder »Ich bin faul«): Das ist nicht das Wichtigste. Man kann auch nicht sein ganzes Leben ausbreiten.

Aber man kann von den zwei oder drei Situationen erzählen, in denen man nicht so gehandelt hat, wie Gott es erwartet. Das ist so, als hätte man ein bisschen den Bund gebrochen, den Gott mit uns geschlossen hat.

Es gibt ein einfaches Mittel, um zu wissen, was man sagen soll: Man fragt sich, ob man gut gelebt hat als Kind Gottes, in der Beziehung zu ihm und auch zu unseren Mitmenschen.

Warum dürfen Eltern Dummheiten machen und wir nicht?

Peter ist neun Jahre alt. Er schummelt beim Monopoly, überquert die Straße, ohne vorher zu schauen, streitet sich wegen jeder Kleinigkeit mit seiner Schwester und wirft seine Kaugummipapierchen auf den Boden.

Paul ist siebenunddreißig. Er fährt ohne Fahrkarte im Bus, missachtet rote Ampeln, streitet sich wegen jeder Kleinigkeit mit seinen Nachbarn und wirft seine Kippen achtlos in die Landschaft.

Einer von den beiden wird oft ausgeschimpft, der andere nicht. Ratet mal, wer? Peter natürlich, weil er noch ein Kind ist.

Das ist aber doch nicht gerecht, wenn nur das Kind ausgeschimpft wird. Wenn Peter geschimpft wird, dann deshalb, weil ein Kind Zeit braucht, um groß zu werden. Es lernt, was gut ist und was Gutes bewirkt. Und es lernt, was schlecht ist und was schadet. Und irgendwann ist es nicht mehr so klein. Es übernimmt Verantwortung, es wird erwachsen.

Erwachsen bedeutet aber nicht perfekt. Auch Erwachsene können sich irren. Auch sie begehen Dummheiten, manchmal sogar sehr große. Zum Glück gibt es Strafen für solche Dummheiten. Gewisse Erwachsene hätten es durchaus nötig, auf diese innere Stimme zu hören, die ihnen sagt: »Vorsicht: Riesendummheit!« Das würde ihnen viel Ärger ersparen und auch für ihre Kinder wäre das einfacher.

Müssen wir das Land lieben, in dem wir geboren wurden?

In manchen Gegenden gibt es einen sehr hübschen Brauch: Wenn ein Kind geboren wird, pflanzt man einen Baum. Das ist eine schöne Art, zu zeigen, dass man in einer Familie und in einem Land zur Welt kommt und dass dieses Land uns aufnimmt. Dieses Land ist geprägt durch Boden, Klima, Gerüche, aber auch durch Menschen, die uns mit offenen Armen empfangen.

So, wie der Baum zum Wachsen Wurzeln treibt, entfalten wir uns in einem Land. Und für eine gesunde Entwicklung benötigen wir auch einen guten Boden und Dünger. Wir bekommen das, was schon Generationen vor uns bekommen haben: Orientierung, wie man sich kleidet und isst, eine Sprache und manchmal sogar eine Religion ... All das hilft uns bei unserer Entwicklung. Seine Heimat zu lieben ist eine

Form, sich für das zu bedanken, was wir von ihr erhalten und für unser Leben gelernt haben. Im Gegenzug sorgen auch wir dafür, dass es ihr gut geht, indem wir für Gerechtigkeit und das Gute eintreten und uns unseren Mitmenschen verbunden fühlen. Denn ein schöner Garten muss gegossen und gepflegt werden!

Wenn man in einem Land zur Welt kommt, das nicht die Heimat der Eltern ist, oder auch wenn man in der Fremde lebt, hat man natürlich das Bedürfnis, beide Länder zu lieben – das Land unserer Vorfahren und das Land, in dem wir heute leben. Dazu brauchen wir ein bisschen mehr Wasser in unserer Gießkanne ... Aber es ist schon irgendwie sehr bereichernd, zwei Heimaten zu haben und sie alle beide zu lieben.

Was kann ich tun, um den armen Ländern zu helfen?

In vielen Ländern der Erde haben die meisten Familien kaum genug zu essen. Die Kinder können nur schwer normal aufwachsen.

Selbst in den reichen Ländern gibt es Armut. Die Regierungen versuchen zwar ständig, diese Armut zu verhindern, aber das genügt nicht. Immer mehr Menschen sagen sich daher, dass sie handeln müssen. Oft spenden sie ein bisschen Geld oder widmen einen Teil ihrer Freizeit einer Hilfsorganisation, die denen hilft, denen es an allem fehlt. Sie bemühen sich auch um ein besseres Verständnis für die Gründe der Armut und machen den Regierungen dieser Länder Vorschläge.

Aber was kannst du tun? Bewahre dir vor allem deine Empörung! Die Armut ist ein Skandal und leider wird dieser Skandal noch lange fortbestehen.

Alles, was du in der Schule lernst, wird dir eines Tages dabei helfen, möglicherweise neue Lösungen zu finden und einen Beruf zu lernen, der im Kampf gegen die Armut helfen kann. Außerdem kannst du dich mit deinen Freunden aus der Schule oder dem Religionsunterricht an Hilfsaktionen beteiligen: Ihr könnt zum Beispiel ein Buch, das euch gefällt, einem Kind schenken, dessen Eltern sich keines kaufen können, oder etwas Selbstgebasteltes verkaufen und mit dem Erlös den Bau einer Schule unterstützen … Das sind bedeutende Leistungen. Sie zeigen, dass du bereit bist, etwas von dir zu geben, um die Welt zu verändern.

Wie wird man ein Heiliger?

»Wer immer meine Worte hört und sie in die Tat umsetzt, darf sich mit einem klugen Mann vergleichen, der sein Haus auf Felsgrund gebaut hat.« Das bestätigt uns Jesus. Und er fügt hinzu: »Seid vollkommen, wie euer himmlischer Vater vollkommen ist.« Und auch: »Wenn du vollkommen sein willst, geh hin, verkaufe alles, was du besitzt, gib es den Armen und folge mir.«

Das erinnert alles an Ratschläge, wie man ein Heiliger wird. Aber die Worte von Jesus in die Praxis umzusetzen geht noch einen Schritt weiter. Man muss lernen zu lieben. Und das geht nicht von heute auf morgen! Man muss immer wieder neu beginnen, sich immer wieder neu einbringen ... »Ich war hungrig und du gabst mir zu essen; ich war durstig und du gabst mir zu trinken; ich war fremd und du nahmst mich auf; ich war krank und du kamst zu mir; ich saß im Gefängnis und du besuchtest mich ...« Eigentlich ist es leicht, so zu handeln – und doch so schwer!

Deshalb ist derjenige heilig, der Gott von ganzem Herzen vertraut, um vorbehaltlos zu teilen, zu vergeben und zu lieben. Heilig ist derjenige, der sich entschieden hat, vorbehaltlos mit Gott zu leben. Manche von denen, die so gehandelt haben, wurden offiziell heilig gesprochen und sind den Menschen seitdem als Vorbilder bekannt: die heilige Theresa, der heilige Franziskus, die heilige Johanna von Orléans ...

Liebt man sich auch noch, wenn man alt ist?

Die ganze Familie ist da, um die goldene Hochzeit meiner Großeltern zu feiern. Einer meiner Cousins hat diese Rede gehalten.

Liebe Großeltern,

fünfzig Jahre! Nun seid ihr beiden tatsächlich fünfzig Jahre verheiratet. Fünfzig Jahre, in denen jeder von euch immer zuerst an den anderen gedacht hat als an sich selbst. Du, Oma, hast immer ungeduldig die Sonne und den Sommer herbeigesehnt. Dir, Opa, sind dagegen der Schnee und der Winter eindeutig lieber. Trotzdem sagst du, Oma, dass Opa die frische Brise ist, die deinem Leben Schwung gibt. Und du, Opa, du sagst gern, dass Oma der Sonnenstrahl ist, der dein Leben erhellt.

Wie kann man es trotz der Stürme und Gewitter des Lebens so lange miteinander aushalten? Wie ihr so schön sagt: »Es ist leichter, dem Unwetter zu trotzen, wenn man zu zweit ist.«

Euer großes Geheimnis ist kein Geheimnis, denn jeder kann es sehen: Ihr liebt euch. Eure Liebe ist gewachsen, weil ihr es so gewollt habt. Lieben, das bedeutet nicht, sich vom Wind wiegen zu lassen, sondern zu zweit füreinander da sein zu wollen. Und manchmal muss man sich anstrengen, um dem Wind zu helfen, damit er in die richtige Richtung weht. Bei diesem Abenteuer habt ihr euch auf Gott gestützt. Mit der Zeit habt ihr erkannt, was seine Liebe ist. Und eure Liebe ist nach seinem Bild gereift.

Wir wünschen euch noch viele tausend Tage im Sonnenschein der Berggipfel. Und ein paar Gewitter, denn wir wissen ja: Das liebt ihr!

Eure Kinder, eure Enkel und eure Urenkelin

Wird mein Leben schön sein?

Werde ich Taucher sein
oder aber Krankenpfleger?
Werde ich in Afrika leben
oder in Carcassone?
Werde ich sieben Kinder haben
oder dreiundzwanzig Enten?
Werde ich auf dem Mond spazieren gehen
oder auf dem Packeis?
Werde ich Dänisch sprechen
oder vielleicht Japanisch?
Werde ich ein Tandem haben
oder einen Formel-1-Rennwagen?
Ja, *was* denn? *Wo* denn?
Und *wann*?
Ich, ich weiß nichts über mein Leben,
und das ist auch gut so!
Alles kann passieren, alles kann geschehen,
ich habe alle Zeit der Welt, mein ganzes Leben.
Natürlich ziehe ich nicht mir leeren Händen los:
Ich habe schon Gepäck für diese große Reise,
Rucksäcke und Koffer.
Gefüllt mit allem, was ich schon bin,
mit meinen Talenten, meiner Intelligenz,
meinen Vorlieben,
meinen Wünschen und meinen Träumen …
Außerdem bin ich ja nicht ganz allein.
Ich habe meine Eltern, die mich lieben
und mir helfen,
meine Geschwister und meine Freunde
und alle diejenigen, die ich noch nicht kenne,

die aber irgendwann
für zehn Sekunden oder zehn Jahre
oder noch viel länger
eine Rolle in meinem Leben spielen werden.
Und dann gibt es noch dich, mein Gott, mein
Vater.
Auch du liebst mich, auch du hilfst mir,
und du hegst einen großen Traum für mich:
Du willst, dass ich glücklich bin.
Du willst, dass ich liebe und geliebt werde,
dass ich höre und gehört werde,
dass ich gebe und bekomme,
dass ich frei bin, dass ich stark bin,
dass ich lache, dass ich weine,
dass ich träume, dass ich glaube,
dass ich im Sonnenlicht lebe
und unter dem Schein des Mondes!
Du willst, dass mir mein Leben gelingt.
Ich weiß, das Leben ist manchmal hart
und hält Überraschungen auf Lager,
gute und schlimme.
Aber ich habe solche Lust,
mein Leben erfolgreich zu gestalten,
dass ich Vertrauen habe.

Ich möchte, dass mein Leben so wird,
wie ich es mir vorstelle,
und ich möchte, dass es schön wird.
Mein Leben wird schön sein.